Arne Junge

Die Gerichtsbarkeit der evangelischen Kirche in Deutschland

Bibliografische Information der Deutschen Nationalbibliothek:

Die Deutsche Nationalbibliothek verzeichnet diese Publikation in der Deutschen Nationalbibliografie; detaillierte bibliografische Daten sind im Internet über http://dnb.d-nb.de abrufbar.

Impressum:

Copyright © ScienceFactory

Ein Imprint der GRIN Verlag, Open Publishing GmbH

Druck und Bindung: Books on Demand GmbH, Norderstedt, Germany

Covergestaltung: Open Publishing

Inhaltsverzeichnis

Abkürzungsverzeichnis 5

1 Einleitung 7

2 Geschichtliche Entwicklung der Kirchengerichtsbarkeit 9

3 Verfassungsrechtliche Garantie des Sonderstatus der
Religionsgemeinschaften 13

    3.1 Grundlagen des Staatskirchenrechts 13

    3.2 Rechtsfähigkeit der Kirche 17

    3.3 Sondergerichtsbarkeit 18

    3.4 Rechtsschutz für den Staatsbürger in kirchlichen Belangen 19

4 Staatliche Begrenzung der Kirchengerichtsbarkeit 20

    4.1 Das Verhältnis von staatlichem Rechtsschutz und Kirchenrecht 20

    4.2 Staatliche Rechtsprechung zur Kirchengerichtsbarkeit 20

    4.3 Rechtsprechende Gewalt des Staates 21

5 Diskussion zur Kirchengerichtsbarkeit 23

    5.1 Abgrenzung der Zuständigkeit von staatlichen und kirchlichen Gerichten. 23

    5.2 Konfliktfeld Rechtsweg 26

    5.3 Konfliktfeld Dienstrecht 28

    5.4 Rechtsschutz für den einzelnen Dienstnehmer 28

    5.5 Zwischenergebnis 32

6 Aufbau und Zusammensetzung der kirchlichen Gerichte 33

    6.1 Übersicht der kirchlichen Gerichte und Rechtssammlungen 33

    6.2 Schlichtungsstelle 34

    6.3 Schlichtungsausschuss 35

    6.4 Kirchengericht 36

6.5 Kirchengerichtshof 38

6.6 Verfassungsgerichtshof 40

6.7 Grundsätze für die Mitglieder des Kirchengerichts 41

6.8 Geschäftsstelle 42

7 Kirchliches Verfahren 43

7.1 Allgemeines zum kirchengerichtlichen Verfahren 43

7.2 Grundsätze zum Verfahrensablauf 44

7.3 Sonderform Lehrbeanstandungsverfahren 45

7.4 Verfahren vor dem Verfassungsgerichtshof 46

7.5 Vollstreckbarkeit der Entscheidungen 47

8 Materielle Zuständigkeit der Kirchengerichte 49

8.1 Disziplinarverfahren 49

8.2 Mitarbeitervertretungsrechtliche Streitigkeiten 50

8.3 Anwendung des Pfarrerratsgesetzes 50

8.4 Anwendung beim Arbeitsrechtsregelungsgrundsätzegesetz 51

8.5 Verwaltungsrechtsstreitigkeiten 51

8.6 Kirchlicher Datenschutz 52

8.7 Arbeitsregelungsgesetz West und Ost 53

8.8 Kirchenverfassungsrechtliche Streite 53

9 Fazit 55

Literaturverzeichnis 59

Abkürzungsverzeichnis

Abk.	Abkürzung
GRIN	Global Research and Information Network
Abs.	Absatz
Art.	Artikel
BGB	Bürgerliches Gesetzbuch
BVerfG	Bundesverfassungsgericht
BVerfGE	Bundesverfassungsgerichtsentscheidung
CA	Confessio Augustana
DRiG	Deutsches Richtergesetz
EGBGB	Einführungsgesetz zum Bürgerlichen Gesetzbuche
EKD	Evangelische Kirche in Deutschland
EvKiVBW	Evangelischer Kirchenvertrag Baden-Württemberg
f./ff.	folgende / fortfolgend
gem.	gemäß
GG	Grundgesetz
GO-EKD	Grundordnung der Evangelischen Kirche Deutschland
GVG	Gerichtsverfassungsgesetz
i.S.d.	im Sinne der/des
i.V.m.	in Verbindung mit
KdöR	Körperschaft des öffentlichen Rechts
KiGG.EKD	Kirchengerichtsgesetz der Evangelischen Kirche Deutschland
MAV	Mitarbeitervertretung
MVG-EKD	Mitarbeitervertretungsgesetz der Evangelischen Kirche Deutschland
OVG	Oberverwaltungsgericht

UEK	Union Evangelischer Kirchen
VELKD	Vereinigte Evangelisch-Lutherische Kirche Deutschlands
VwGO	Verwaltungsgerichtsordnung
WRV	Weimarer Reichsverfassung
ZevKR	Zeitschrift für evangelisches Kirchenrecht

1 Einleitung

Wie sind die Gerichtsbarkeit und das Recht der Kirche mit der Gerichtsbarkeit des Staates vereinbar? Das Grundgesetz sieht die Möglichkeit einer Sondergerichtsbarkeit für Vereine und Körperschaften des öffentlichen Rechts vor. Haben von dieser Möglichkeit auch die Kirchen in der Vergangenheit Gebrauch gemacht? In der Historie sind für die Kirchen entsprechende Regelungen gewachsen, die von den Kirchen in Anspruch genommen wurden.

> „Die Kirche besaß viele Jahrhunderte eine große Macht. Anders als andere Rechtsgebiete beruht das Staatskirchenrecht weniger auf einer systematischen Rechtssetzung durch den Gesetzgeber, sondern es ist das Ergebnis einer langen historischen Entwicklung und zum Teil leidenschaftlicher politischer Auseinandersetzungen, ohne deren Kenntnis sein heutiger Bestand nicht sinnvoll erfasst werden kann."[1]

Durch das verfassungsrechtlich garantierte Selbstbestimmungsrecht kann die Kirche ihre eigenen Angelegenheiten in den Schranken der für alle geltenden Gesetze selbst ordnen. Da es bei jeder Rechtsordnung zu Meinungsverschiedenheiten über den Inhalt des Rechts und dessen Anwendung im Sachverhalt kommen kann, bedarf es einer Stelle, die in derlei Streitigkeiten entscheidet. Diese Aufgabe übernehmen unabhängige Gerichte. Durch die „Eigenartigkeit" des kirchlichen Rechts ist eine eigene kirchliche Gerichtsbarkeit nötig.

In dieser Arbeit sollen nach einer Einführung in die historische Entwicklung der kirchlichen Gerichtsbarkeit die verfassungsrechtlichen Grundlagen derselben untersucht werden. Hierbei wird auch ein Blick auf theologische Grundlagen gelegt.

In einem weiteren Schritt wird überprüft, inwiefern der staatliche Rechtsschutz für den einzelnen Bediensteten und Dienstnehmer bei der Institution „Kirche" wirkt und ob er ausreichend in Bezug auf das Arbeitsrecht im kirchlichen Bereich umgesetzt ist.

---

[1] Zitiert aus Winter, Staatskirchenrecht der Bundesrepublik Deutschland, Seite 27.

Darüber hinaus sollen die Abläufe innerhalb der kirchlichen Gerichtsbarkeit, insbesondere die kirchlichen Sonderformen beschrieben werden. Um das Thema einzugrenzen, beschränke ich mich hier auf die Regelungen der Evangelisch Kirche Deutschlands (EKD). Auf die Ausführungen der einzelnen Landeskirchen oder integrierter Gliedkirchen, die zum Teil ähnlich organisiert sind, wird nicht näher eingegangen. Zwei besondere Verfahren werden in dieser Arbeit ebenfalls begutachtet: Das „Lehrbeanstandungsverfahren" und der „Schlichtungsausschuss" als Möglichkeit einer „gütlichen" Einigung nach EKD-Recht. Bei den kirchlichen Verfahren sind die Abläufe häufig identisch, daher werden diese im Allgemeinen dargestellt. Die materiellen Zuständigkeiten werden am Schluss begutachtet.

2 Geschichtliche Entwicklung der Kirchengerichtsbarkeit

Die Begründung der kirchlichen Gerichtsbarkeit reicht bis in die Jahre zwischen 318 und 333 n. Chr. zurück. Zu dieser Zeit übten die Bischöfe eine Zivilgerichtsbarkeit aus, jedoch stand diese in Konkurrenz zur staatlichen Zivilgerichtsbarkeit. Zu späterer Zeit gab es eine Schiedsgerichtsbarkeit unter Christen. Ab dem Jahr 1539 gab es im evangelischen Bereich landesfürstliche Konsortien. Die gerichtlichen Funktionen der Konsortien gingen später zugunsten der allgemeinen Staatsgerichte verloren. Erst seit dem Ende des 19. Jahrhunderts setzte die kirchliche Gerichtsbarkeit wieder ein, zunächst in Gestalt der Disziplinargerichtsbarkeit gegen Geistliche.[2]

In einer Auseinandersetzung mit der päpstlichen Jurisdiktion und der Abwehr des kanonischen Rechts[3], das auch weltliche Belange regelte, lehnten die Reformatoren eine eigene kirchliche Gerichtsbarkeit ab:

> „Nach göttlichem Recht besteht deshalb das bischöfliche Amt darin, das Evangelium zu predigen, Sünden zu vergeben, Lehrfragen zu entscheiden, Lehre, die gegen das Evangelium ist, zu verwerfen und die Gottlosen, deren gottloses Wesen offen zu Tage liegt, von der kirchlichen Gemeinschaft auszuschließen – nicht mit menschlicher Gewalt, sondern allein durch Gottes Wort....Soweit nun die Bischöfe sonst noch Macht oder Rechtsprechung in anderen Angelegenheiten ausüben, wie zum Beispiel in Ehe – und Steuersachen, tun sie dies kraft menschlichen Rechts."[4]

Nach diesem Verständnis sind sowohl kirchliche als auch die staatliche Gerichtsbarkeit eine weltliche Angelegenheit. Bei der Gründung der evangelischen Kirche war es nicht selbstverständlich, dass eigene Gerichte existieren.

---

[2] Vgl. Winter, Staatskirchenrecht der Bundesrepublik Deutschland, S.212.
[3] Das Kanonische Recht stellt das Kirchenrecht der römisch-katholischen Kirche, der byzantinisch-orthodoxen und der orientalisch-orthodoxen Kirchen dar. Dieses dient der Regelung der internen Angelegenheiten. Es sieht auch eine eigene Gerichtsbarkeit für kirchliche Angelegenheiten vor.
[4] Auszug aus Art. 28 Confessio Augustana (CA) von 1530.

Exkurs: Theologische Begründungen für kirchliche Sonderregelungen

Die Ursache hierfür liegt nicht nur in der Zuordnung weltlicher Angelegenheiten an weltliche Instanzen, sondern hat auch theologische Gründe. Wer darf über andere Menschen richten? „Richtet nicht, damit ihr nicht gerichtet werdet. Denn wie ihr richtet, werdet ihr gerichtet werden; und mit welchem Maß ihr messt, wird euch zugemessen werden."[5] Da es bei einem autoritativen Richterspruch fast immer einen Gewinner und einen Verlierer gibt, gilt deshalb eine Streitentscheidung als „unbiblisch". Deswegen wird unter Christen der von Jesu gewiesene Weg des „Liebesgebotes" der gütlichen Einigung bzw. dem Rechtsverzicht angestrebt. (Schlichtungsverfahren)

Grundsätzlich spricht sich die Bibel nicht gegen Richterrecht aus. Im 1. Korintherbrief Kap. 6 wird darauf hingewiesen, dass selbstgerechtes, überhebliches und heuchlerischeres Unwerturteil über andere Personen nicht in Ordnung ist.[6] In dem Kapitel wird auch darauf hingewiesen, dass Streite unter Christen nicht vor Ungläubigen ausgetragen werden sollen.[7] Aus diesem Grund bedarf es in der Kirche Verfahren, die eine Schlichtung von Streiten ermöglichen. Somit können denkbare missbräuchliche Ausübung von Entscheidungen kirchlicher Amtsträger und Organen durch unabhängige Instanzen überprüft werden.

Entwicklung im 20. Jahrhundert

In der „Bekenntnissynode von Barmen" wird in der vierten These der „Barmer Theologischen Erklärung von 1934" davon gesprochen, dass die verschiedenen Ämter der Kirchen keine Macht der einen über die andere begründen kann.[8]

---

[5] Lutherbibel 2017, Matthäus Kapitel 7 Vers 1+2; zuzüglich wird beim Evangelium nach Lukas 6,37 dieser Vers wie folgt dargelegt: „ Und richtet nicht, so werdet ihr auch nicht gerichtet. Verdammt nicht, so werdet ihr nicht verdammt. Vergebt, so wird euch vergeben."

[6] Siehe Lutherbibel 2017, 1.Korinther Kapitel 6, Verse 1 – 11.

[7] Vgl. Gute Nachricht Bibel, 1.Korinther Kapitel 6, Vers 1.

[8] Vgl. de Wall/Muckel, Kirchenrecht, § 10 Rn. 9: „Insbesondere die dritte und vierte These der Barmer Theologischen Erklärung bekräftigen die Unabhängigkeit der evangelischen Kirche von staatlichen und allgmeinen politischen Vorgaben. So heißt es in der dritten These: „Wir verwerfen die falsche Lehre, als dürfe die Kirche die Gestalt ihrer Botschaft und ihrer

Diese Erklärung ist eine historisch begründete Reaktion auf die staatliche Willkür des „Dritten Reiches".

In der evangelischen Kirche begann man 1918 wieder eine kirchliche Gerichtsbarkeit zu errichten. Nach 1945 wurden diese Bestrebungen verstärkt.[9] Es wurden kirchliche Verwaltungsgerichte geschaffen, die den staatlichen Verwaltungsgerichten in weiten Teilen nahe kommen.

Gegenwärtig dient die selbständige und unabhängige kirchliche Gerichtsbarkeit einer streit- und parteinahen Konfliktschlichtung. Dadurch wird dem Rechtschutzgebot des Staates Rechnung getragen. Mit dem ordnungsgemäßen Verfahren im innerkirchlichen Bereich kann ein unabhängiges Sachurteil ergehen und Rechtsfrieden hergestellt werden.[10]

Die Errichtung des Kirchlichen Verwaltungsgerichts der Landeskirche in Württemberg am 1. Januar 2002 hat erst zum Bestehen des „flächendeckenden" kirchlichen Rechtsschutzes in Deutschland geführt.[11] „Die kirchlichen Gerichte haben ebenso wie die staatlichen Gerichte die Aufgabe, ihre Entscheidungen nach Maßgabe des jeweiligen anwendbaren Rechts zu treffen."[12] Dadurch sind die Kirchengerichte zur Judikatur über Akte des kirchlichen Lebens berufen. Diese ergehen rechtsförmig oder weisen konkrete Bezüge auf. Zur Anwendung kommt das einerseits einschlägige Kirchenrecht. Das staatliche Recht findet Anwendung, wenn die Schranken des geltenden Gesetzes i.S.d. Art. 140 GG i.V.m. Art 137 Abs. 3 WRV, bei der jeweiligen Kirche die Geltung beansprucht. Will die kirchliche Judikatur der Aufgabe im Organismus

---

Ordnung ihrem Belieben oder dem Wechsel ihrer jeweils herrschenden weltanschaulichen und politischen Überzeugungen überlassen" und in der vierten These: „Wir verwerfen die falsche Lehre, als könne und dürfe sich die Kirche abseits von (ihrem) Dienst insbesonder, mit Herrschaftsbefugnissen ausgestatteten Führer geben und geben lassen". Vgl. C. Link, Rechtstheologische Grundlagen des Kirchenrechts, ZevKR 45 (2000), S. 73-88 (/3); von Campenhausen/de Wall, Staatskirchenrecht, S.37 f.".

[9] Vgl. von Campenhausen/de Wall, Staatskirchenrecht, § 37 S. 315.
[10] Vgl. de Wall in Heinig und Munsonius, 100 Begriffe aus dem Staatskirchenrecht, S. 213.
[11] Vgl. Heinig und Munsonius, 100 Begriffe aus dem Staatskirchenrecht, Kirchengerichte S.124.
[12] Ebd.

der Kirche gerecht werden, so nimmt sie die Verfahren als Rechtsanwendung wahr. Es ist kein Bestandteil des geistlichen Wirkungskreises.[13]

---

[13] Vgl. Heinig und Munsonius, 100 Begriffe aus dem Staatskirchenrecht, Kirchengerichte S.124.

3 Verfassungsrechtliche Garantie des Sonderstatus der Religionsgemeinschaften

In diesem Abschnitt wird sowohl auf die Entwicklung des Grundgesetzes der Bundesrepublik Deutschland als auch auf die Entstehung der grundgesetzlichen Regelungen zu Religionsgemeinschaften eingegangen. Weiter werden Definition, Rechtsfähigkeit und Rechtsform von Religionsgemeinschaften genauer betrachtet.

3.1 Grundlagen des Staatskirchenrechts

Das Recht der Selbstbestimmung für Religionsgemeinschaften war bereits in der Weimarer Reichsverfassung (WRV) vom 11. August 1919 verankert. In Artikel 137 Abs. 3 WRV wird das Verhältnis zwischen Staat und Kirche bestimmt: „Jede Religionsgesellschaft ordnet und verwaltet ihre Angelegenheiten selbständig innerhalb der Schranken des für alle geltenden Gesetzes. Sie verleiht ihre Ämter ohne Mitwirkung des Staates oder der bürgerlichen Gemeinde." Die Regelung gilt gem. Art. 140 GG auch heute noch und wird durch Art. 4 GG, der die Freiheit der Religionsausübung garantiert, ergänzt.

Aus der Weimarer Reichsverfassung wurden über Art. 140 GG außerdem die Bestimmungen der Art. 136, 137, 138, 139 und 141 WRV für die Bundesrepublik Deutschland übernommen. Nach Art. 140 GG i.V.m. Art. 137 Abs. 8 WRV ist die Ausgestaltung der weiteren Regelungen aus dem Art. 137 WRV im einzelnen Sache der Gesetzgebung durch die Bundesländer. Die Verfassungen der Bundesländer stimmen trotz erheblicher Unterschiede bei den Ausführungsbestimmungen in der Gewährleistung der Religionsfreiheit substantiell mit dem Grundgesetz überein. Die vom Grundgesetz vorgegebenen institutionellen Garantien werden nicht übergangen. Somit wird eine zweite verfassungsrechtliche Ebene geboten, deren selbstständige Bedeutung vor allen in den Bereichen zum Tragen kommt, in denen die Länder die Gesetzgebungskompetenz haben (vor allem Bildung und Sicherheit).[14]

---

[14] Vgl. Winter, Staatskirchenrecht der Bundesrepublik Deutschland, S.13.

Eine Problematik bei der Gesetzgebung durch die Länder entsteht dadurch, da die jeweiligen Landeskirchen nicht die gleichen Grenzen haben, wie die Bundesländer. In Bayern sind die Grenzen fast identisch, bei anderen Landeskirchen überschneiden sich diese mit denen mehrerer Bundesländer, z.B. Ev. Kirche in Hessen und Nassau, Evangelische Kirche in Norddeutschland – Nordkirche - (Hamburg, Mecklenburg-Vorpommern und Schleswig-Holstein).

Das Staatskirchenrecht nimmt im Gefüge des Grundgesetzes eine kuriose Stellung ein. Es wirkt zunächst eigentümlich, weil hier in Art. 140 GG die zum Teil unverändert kirchenrechtlichen Bestimmungen aus der Weimarer Reichsverfassung übernommen wurden. Dabei handelt es sich um das Ergebnis eines Verfassungskompromisses, weil die Vorschläge aus der Mitte des Parlamentarischen Rates zur Regelung des Verhältnisses zwischen Kirche und Staat nicht mehrheitsfähig waren.

Nach der Rechtsprechung des Bundesverfassungsgerichts sind die aus der Weimarer Reichsverfassung ins Grundgesetz übernommen Artikel vollgültiges Verfassungsrecht der Bundesrepublik Deutschland. Sie stehen gegenüber den anderen Artikeln auf gleichem Rang.[15]

Hierdurch steht das staatskirchenrechtliche System der Bundesrepublik mit seinen normativen verfassungsrechtlichen Grundlagen weiterhin in der Tradition des deutschen Staatskirchenrechts, wie es bereits im Wesentlichen in der „Paulskirchenverfassung" vom 28. März 1849 verankert wurde. Die staatskirchenrechtlichen Grundentscheidungen von 1919 haben bis heute ihre substantielle Geltung behalten.

Durch das staatskirchenrechtliche System der Weimarer Reichsverfassung werden wesentliche Merkmale des Grundrechts auf freie Religionsausübung (Art. 4 GG) gewährleistet. Zentraler Punkt ist die grundsätzliche Trennung von Staat und Kirche durch Art. 137 Abs. 1 WRV. Gleichzeitig werden Religionsgemeinschaften als Teil der Öffentlichkeit aufrechterhalten und in hervorgehobener Stellung anerkannt. Unter Umständen erhält die Kirche den Status

---

[15] BVerfG vom 14. Dezember 1965 – 1 BvR 413/60 – BVerfGE 19, 206 (219); Vgl. Winter, Staatskirchenrecht der Bundesrepublik Deutschland, S.14.

der Körperschaft des öffentlichen Rechts (Art. 137 Abs. 5 WRV) und das Recht zur Erhebung von Kirchensteuern (Art. 137 Abs. 6 WRV). Dabei ist es wichtig zu beachten, dass die institutionellen Garantien der Religionsgemeinschaften nicht isoliert mit den grundrechtlichen Positionen des Einzelnen konkurrieren. Sie sind vielmehr im inneren Zusammenhang zu betrachten.

Diese genannten Rechte und Gewährleistungen verpflichten den Staat zur Gleichbehandlung der Religionsgemeinschaften. Die Grundrechte stehen nicht nur den großen christlichen Kirchen zu, sondern allen Religionsgemeinschaften, wenn sie bestimmte Voraussetzungen erfüllen, z.B. hinsichtlich ihrer Verfassung, Zahl der Mitglieder und der Gewähr der Dauer, oder wenn sie die Erlangung des Status einer Körperschaft des öffentlichen Rechts erhalten (Art. 137 Abs. 5 WRV). Hierbei ist zu beachten, dass das Grundgesetz in Art. 140 GG i. V. m. Art. 137 Abs. 7 WRV Vereinigungen den Religionsgemeinschaften gleichstellt, die sich als Ziel eine gemeinschaftliche Pflege einer Weltanschauung gesetzt haben. Den Begriff Religionsgemeinschaft definiert Gerhard Anschütz in seinem Kommentar zur Weimarer Reichsverfassung auszugsweise wie folgt: „die Angehörigen eines und desselben Glaubensbekenntnisses – oder mehrerer verwandter Glaubensbekenntnisse (...) - für ein Gebiet (...) zusammenfassender Verband zu allseitiger Erfüllung der durch das gemeinsame Bekenntnis gestellten Aufgaben."[16]

Heinrich de Wall definiert die Religionsgemeinschaft wie folgt:

1. „Eine Religionsgemeinschaft besteht – mit Besonderheiten von Dachverbandsorganisationen – aus natürlichen Personen.

2. Ein Minimum an organisatorischer Struktur und Dauerhaftigkeit gehört zum Wesen einer Gemeinschaft. Die spontane Versammlung von Betenden ist noch keine Religionsgemeinschaft.

3. Von anderen Gemeinschaften unterscheidet sich die Religionsgemeinschaft dadurch, dass es ihr gerade um die Pflege einer Religion bzw.

---

[16] Vgl. Heinig und Munsonius, 100 Begriffe aus dem Staatskirchenrecht, Religionsgemeinschaft, S. 212 – 213.

eines Bekenntnisses geht. Selbstverständlich können auch nichtchristliche Vereinigungen Religionsgemeinschaften sein. Keine Religionsgemeinschaften sind Vereinigungen, die sich anderen als religiösen Zwecken widmen, etwa der Kultur – oder Brauchtumspflege. Die Abgrenzung kann schwierig sein.

Religion ist in der Rechtsprechung definiert worden als eine „mit der Person des Menschen verbundene Gewissheit über bestimmte Aussagen zum Weltganzen sowie zur Herkunft und zum Ziel des Menschlichen Lebens." (BVerwG, NJW 1992, 2497). Was „Religion" und „Religionsgemeinschaft" sind, kann nur unter wesentlicher Berücksichtigung des Selbstverständnisses der jeweiligen Vereinigung bestimmt werden. Allerdings reichen „nicht allein die Behauptung und das Selbstverständnis" aus. Vielmehr muss es sich auch „tatsächlich, nach geistigem Gehalt und äußerem Erscheinungsbild, um eine Religion und Religionsgemeinschaft handeln. Dies ist im Streitfall zu prüfen und zu entscheiden, obliegt – als Anwendung einer Regelung der staatlichen Rechtsordnung – den staatlichen Organen. (BVerfGE 83,41 [353]). Ohne Bedeutung ist es, ob eine Religionsgemeinschaft alle Bekenntnisangehörige umfasst oder ob es mehrere konkurrierende Religionsgesellschaften gleichen Bekenntnisses gibt. Auch kann eine Religionsgemeinschaft mehrere verwandte Glaubensrichtungen zusammenführen. Ausgeschlossen ist insofern nur, dass fundamentale Unterschiede zwischen den Glaubensrichtungen bestehen.

4. Ein Viertes Merkmal dient der Abgrenzung der Religionsgemeinschaften von religiösen Vereinen, die in Art. 138 Abs. 2 WRV genannt werden. Während sich die Religionsgemeinschaften der umfassenden Erfüllung der durch das Bekenntnis gestellten Aufgaben widmen, dient ein religiöser Verein nur Teilaspekten des Religiösen Lebens – beispielsweise sind Vereine der Caritas oder der Diakonie keine Religionsgemeinschaften, sondern religiöse Vereine."[17]

---

[17] Vgl. Heinig und Munsonius, 100 Begriffe aus dem Staatskirchenrecht, Religionsgemeinschaft, S. 213 – 214.

Das Selbstverwaltungsrecht der Religionsgemeinschaften schließt auch das Arbeits- und Dienstrecht der bei der Kirche Beschäftigten ein. Damit einher geht die Befugnis zur eigenen Rechtssetzung, zur Verwaltung sowie zur Schaffung der eigenen Gerichtsbarkeit, der sog. Kirchengerichte. In Bereichen, in denen eine eigene Gerichtsbarkeit nicht besteht, wird durch das Selbstbestimmungsrecht der Religionsgemeinschaften die Möglichkeit eines staatlichen Gerichtes begrenzt.[18]

3.2 Rechtsfähigkeit der Kirche

Der Erwerb der Rechtsfähigkeit wird durch Art. 137 Abs. 4 WRV bestimmt. Durch das Inkrafttreten der Weimarer Reichsverfassung im Jahre 1919 wurden alle bestehenden Sonderbestimmungen für die Kirchen aufgehoben, welche den Erwerb der Rechtsfähigkeit derselben insgesamt nur durch staatliche Konzessionen erlaubte. Als Konsequenz trat aus dem Prinzip der Trennung von Staat und Kirche und der damit verbundenen Abschaffung der staatlichen Kirchenhoheits- und Kirchenaufsichtsrechte die Gleichstellung der Religionsgemeinschaften mit allen anderen Vereinigungen. Die Besonderheit bei dem Artikel der Weimarer Reichsverfassung ist jedoch, dass Religionsgemeinschaften nicht nur die Rechtsfähigkeit nach den Vorschriften des *bürgerlichen* Rechts erwerben können. In Art. 137 Abs. 5 WRV wird für Religionsgemeinschaften die Möglichkeit eröffnet, den Status der Körperschaft des *öffentlichen* Rechts (KdöR) zu erwerben oder beizubehalten. Als Lex specialis verweist Art. 137 Abs. 4 WRV auf die Auswahlfreiheit der Religionsgemeinschaft über ihre Rechtsform. Ebenso stellt diese Norm kein Privileg dafür dar, dass Religionsgemeinschaften die Möglichkeit besitzen, den Status eines eingetragenen Vereins für immer zu erwerben. Hierbei ist es völlig unabhängig, ob sie die notwendigen Voraussetzungen erfüllen.

Lässt sich eine Religionsgemeinschaft in das Vereinsregister eintragen, verliert sie nicht das durch Art. 140 GG i.V.m. Art. 137 Abs. 3 WRV zugesprochene Selbstbestimmungsrecht in ihren eigenen Angelegenheiten.

---

[18] Vgl. Heinig und Munsonius, 100 Begriffe aus dem Staatskirchenrecht, Selbstbestimmungsrecht der Kirchen, S. 260.

Religionsgemeinschaften können bei der Anwendung des Vereinsrechts die Gestaltungsmöglichkeiten des abdingbaren Rechts nutzen, solange keine Verletzung der anderen Rechte vorliegt. Im Innenverhältnis bedeutet dies, dass religiöse Vereine einen anderen Gestaltungsspielraum haben als andere Vereine.[19]

Aus der Anerkennung als Körperschaft des öffentlichen Rechts ergeben sich für Religionsgemeinschaften Vorteile:

1) So erhalten sie dadurch Dienstherrenfähigkeit, öffentlich-rechtliche Dienstverhältnisse zu begründen, die nicht dem Arbeits- und Sozialversicherungsrecht unterliegen.

2) Die Disziplinargewalt gegen kirchliche Amtsträger obliegt ebenfalls der Religionsgemeinschaft.

3) Neben dem Parochialrecht, welches erlaubt, die Zugehörigkeit des Mitglieds dem Wohnsitzprinzip zuzuordnen, umfasst es auch die Organisationsgewalten.

4) Bei der Organisationsgewalt wird der Religionsgemeinschaft die Kompetenz gegeben, eigene Untergliederungen und sonstige öffentliche - rechtliche Rechtssubjekte zu errichten.

5) Eine weitere Befugnis ist die Rechtssetzung mit öffentlich-rechtlicher Wirkung in ihrem Bereich. Hierzu zählen die Erhebung der Kirchensteuer sowie die interne Rechtssetzung inkl. eigener Gerichtsbarkeit.[20]

3.3 Sondergerichtsbarkeit

Durch Art. 101 Abs. 2 GG kann der *Staat* neben den ordentlichen Gerichten der Zivil-, Straf-, und Verwaltungsgerichtsbarkeit weitere Gerichte für besondere Sachgebiete errichten. Voraussetzung hierfür ist, dass diese Errichtung durch ein formelles Gesetz für das jeweilige Sachgebiet sowohl sachlich als

---

[19] Vgl. Winter, Staatskirchenrecht der Bundesrepublik Deutschland, S. 222-223.
[20] Vgl. Winter, Staatskirchenrecht der Bundesrepublik Deutschland, S. 225-226.

auch örtlich geregelt wird. Die Bestimmung für die Errichtung muss bereits im Voraus abstrakt und generell bestimmt sein.[21]

Die Befugnis der *Kirchen* zur Errichtung und Unterhaltung einer eigenen Kirchengerichtsbarkeit folgt hingegen aus dem Selbstbestimmungsrecht der Kirchen (Art. 140 i.V.m. Art. 137 Abs. 3 WRV). Die Verfassung spricht zwar von der Religionsgemeinschaft, dennoch wird in der Literatur und Rechtsprechung der Begriff „Kirche" verwendet, welcher inhaltlich und traditionell an der christlichen Kirche orientiert wird.[22]

Durch das Selbstbestimmungsrecht der Kirche in der Verfassung stellen die Kirchengerichte keine Sondergerichte im Sinne des Art. 101 Abs. 2 GG dar, der nur für staatliche Sondergerichte gilt.

3.4 Rechtsschutz für den Staatsbürger in kirchlichen Belangen

In Deutschland hat jeder Staatsbürger Anspruch auf staatlichen Rechtsschutz gem. Art. 19 Abs. 4 GG. Das bedeutet, dass jedem Staatsbürger der Rechtsweg offensteht, wenn er in seinen Rechten durch die öffentliche Gewalt verletzt wird. Als öffentliche Gewalt ist die vom Staat abgeleitete Gewalt zu verstehen. Als Rechtsweg wird die Möglichkeit bezeichnet, den Zugang zu dem zuständigen Gericht zu nutzen, also vor allem klagen zu können.

Durch die Existenz von kirchlichen Gerichten stellt sich schon die Frage, inwieweit bei innerkirchlichen Angelegenheiten ein Rechtsschutz durch staatliche Gerichte gewährleistet werden kann. Dürfen staatliche Gerichte bei Streitigkeiten in Angelegenheiten der Kirche die Rechtsnormen und die Entscheidungen kirchlicher Verwaltungsakte nachprüfen?[23] Bei der Beurteilung von Rechtsverhältnissen, die auf staatlichem Recht beruhen, müssen vorab die kirchlichen Regelungen, z.B. beim Dienstverhältnis von privatrechtlichen Dienstnehmern, geklärt werden.

---

[21] Vgl. Hömig/Wolff, Grundgesetz für die Bundesrepublik Deutschland, Art. 102 Rn. 13.
[22] Vgl. Kissel/Mayer, Gerichtsverfassungsgesetz – Kommentar, § 13 Rn. 200.
[23] Vgl. von Campenhausen/de Wall, Staatskirchenrecht, § 37, S. 310.

4 Staatliche Begrenzung der Kirchengerichtsbarkeit

Die in der Verfassung gewährten Privilegien für die Religionsgemeinschaften erfahren Begrenzung von Seiten des Staates. So wird gewährleistet, dass auch die Religionsgemeinschaften die rechtsstaatlichen Grundsätze berücksichtigen.

4.1 Das Verhältnis von staatlichem Rechtsschutz und Kirchenrecht

Die Frage des staatlichen Rechtsschutzes im kirchlichen Bereich tangiert das Umfeld der kirchlichen Eigenständigkeit und der kirchlichen Autonomie. Seit Inkrafttreten des Grundgesetzes im Mai 1949 kam es immer wieder zu umfassender Unsicherheit bezüglich der Grundfrage des Religionsverfassungsrechtes.[24] Ein umfassender Rechtsschutz gehört zu einem Rechtsstaat. Bis heute liegt das Rechtsprechungsmonopol beim Staat, der durch die „Bundesgerichte" und „Gerichte der Länder" seine rechtsprechende Gewalt ausübt (Art. 92 GG). Dadurch erhalten die Staatsbürger einen Schutz bei Streitfragen, die im staatlichen Recht begründet sind. Die Zuständigkeit der Gerichte bestimmt der Staat.[25]

4.2 Staatliche Rechtsprechung zur Kirchengerichtsbarkeit

Der Bundesgerichtshof hat in seinem Urteil vom 28. März 2003 folgende Befugnis zum Selbstbestimmungsrecht der Religionsgemeinschaften formuliert:

> „Das kirchliche Selbstverwaltungsrecht umschließt die Befugnis, Möglichkeiten zu schaffen, innerkirchliche Streitigkeiten im Einklang mit dem kirchlichen Selbstverständnis durch die Anrufung eigener Gerichte oder Schlichtungsgremien beizulegen. Ist ein derartiger Rechtsweg geschaffen und von ihm ein effektiver Rechtsschutz auch zu erwarten, dürfen staatliche Gerichte nicht vor Erschöpfung des kirchlichen Rechtswegs entscheiden (vgl. BVerfG NJW 1999, 349; Kirchberg, NVwZ 1999, 734). Der Klage fehlt dann das

---

[24] Vgl. von Campenhausen/de Wall, Staatskirchenrecht, § 37, S. 309.
[25] Vgl. von Campenhausen/de Wall, Staatskirchenrecht, § 37, S. 311.

Rechtsschutzbedürfnis. Der innerkirchliche Rechtsschutz ist vorrangig und die staatliche Justizgewährung insoweit subsidiär."[26]

Die staatlichen Gerichte gingen lange Zeit in ihrer Rechtsprechung davon aus, dass Klagen, die im Zusammenhang mit Streitigkeiten aus dem kirchlichen Selbstbestimmungsrecht auftreten, generell an staatlichen Gerichte als unzulässig anzusehen sind – insbesondere bei dienstrechtlichen Statusklagen von kirchlichen Mitarbeitern, die im öffentlich-rechtlichen Dienstverhältnis (Pfarrer und Kirchenbeamte) stehen.

Das Bundesverfassungsgericht hat 1985 auf beispielhafte Inhalte des Selbstbestimmungsrechts hingewiesen:

> „Das Selbstbestimmungsrecht umfasst alle Maßnahmen, die in Verfolgung der vom kirchlichen Auftrag her bestimmten karitativ-diakonischen Aufgaben zu treffen sind, z.B. Vorgaben struktureller Art, aber auch die Personalauswahl und die mit diesen Entscheidungen untrennbar verbundene Vorsorge zur Sicherstellung der ‚religiösen Dimension' des Wirkens im Sinne kirchlichen Selbstverständnisses."[27]

4.3 Rechtsprechende Gewalt des Staates

Die „rechtsprechende Gewalt" nach Art. 92 GG wird durch die zuständigen Richter an den ordentlichen Gerichten ausgeübt. Dieses sind gem. Art. 92 GG das Bundesverfassungsgericht, die durch das Grundgesetz vorgesehen Bundesgerichte und die Gerichte der Länder. Die private Gerichtsbarkeit, z.B. Vereins- und Verbandsgerichtsbarkeit und kirchlichen Gerichte werden weder durch Art. 92 GG erlaubt noch verboten.[28] Jedoch ergeben sich Grenzen aus Rechtsweggarantien, Richtervorbehalten und Kernbereichen.[29] Richter sind nur dem Gesetz unterworfen (Art. 97 GG) und sind persönlich sowie sachlich unabhängig. Sie bedürfen neben den wichtigen Voraussetzungen der Neutralität gegenüber den Verfahrensbeteiligten einer organisatorischen

---

[26] BGH, Urt. v. 28. März 2003 - V ZR 261/02, S. 10.
[27] BVerfG vom 4. Juni 1985– 2 BvR 1703, 1718/83 und 856/84. – BVerfGE 70, 138.
[28] Vgl. BGH vom 3. Juli 1975 – III ZR 78/73 – BGHZ 65, 59/61.
[29] Vgl. Jaraas/Pieroth, Grundgesetz-Kommentar, Art. 92 Rn. 6.

Selbstständigkeit. Sie können Berufs- oder Laienrichter sein.[30] Im Ermessen des Gesetzgebers liegt die Hinzuziehung von ehrenamtlichen Richtern.

---

[30] Vgl. Jaraas/Pieroth, Grundgesetz-Kommentar, Art. 92 Rn. 7.

5 Diskussion zur Kirchengerichtsbarkeit

Im innerkirchlichen Bereich regelt die Kirche ihre Angelegenheiten selbst. Jedoch können sich aus dem „Selbstbestimmungsrecht" in der Praxis Konflikte im Bereich der Zuständigkeit bei den kirchlichen und staatlichen Gerichten ergeben.

5.1 Abgrenzung der Zuständigkeit von staatlichen und kirchlichen Gerichten

Die Literatur ist dieser engen Begrenzung der staatlichen Rechtschutzgewährung in Kirchensachen weitgehend nicht gefolgt. Trotz der gefestigten Rechtsprechung der Verwaltungsgerichte wird in der Literatur weitgehend davon ausgegangen, dass Klagen mit dem Bezug auf das kirchliche Selbstbestimmungsrecht als zulässig anzusehen sind.[31] Ist die Klage eine rein innerkirchliche Frage oder betrifft die Klage auch den bürgerlichen Rechtskreis?

Bei rein innerkirchlichen Fragen ist die Klage bei einem staatlichen Verwaltungsgericht unzulässig. In dem Fall, dass auch der bürgerliche Rechtskreis betroffen ist, ist die Klage als zulässig anzusehen. In diesen Fällen stellt die Verhandlung beim Kirchengericht eine Vorschaltgerichtsbarkeit dar.[32]

Kirchen sind als *Körperschaft des öffentlichen Rechts* keine Verwaltungsträger. Sie besitzen keinen Auftrag und fast keine Gewalt vom Staat. Im Bereich des Kirchensteuerwesens wurde ihnen staatliche Gewalt i.S.d. Art. 19 Abs. 4 GG übertragen. Hierbei üben sie öffentliche Gewalt aus. Bei Religionsgemeinschaften, die den Status der Körperschaft des öffentlichen Rechts nicht besitzen, scheidet dieses Recht als Träger der öffentlichen Gewalt aus.[33] Gegen Religionsgemeinschaften, die *nicht* Körperschaften des öffentlichen Rechts sind, ist der Rechtsweg nur nach Art. 19 Abs. 4 GG möglich.

Ob staatliche Gerichte in kirchlichen Angelegenheiten zur Entscheidung berufen sind, weil ein angemessener Rechtsschutz durch die Kirchen nicht

---

[31] Vgl. Winter, Staatskirchenrecht der Bundesrepublik Deutschland, S. 217.
[32] Vgl. Winter, Staatskirchenrecht der Bundesrepublik Deutschland, S. 218.
[33] Vgl. von Campenhausen/de Wall, Staatskirchenrecht, § 37, S. 311.

gewährleistet wird, wurde vom Bundesgerichtshof nicht bestätigt.[34] Die Kirchen können nicht durch ihr eigenes Rechtsschutzsystem die Zuständigkeit der staatlichen Gerichte generell ausschließen.

Staatliche Gerichte können von der Verfassung her Entscheidungen im kirchlichen Bereich nicht grundsätzlich behindern. Sonst hätten sie unbegrenzte Kontrollbefugnis gegenüber kirchlichen Maßnahmen. Aus der verfassungsrechtlichen Gewährleistung ergeben sich die kirchliche Eigenständigkeit durch Art. 140 GG i.V.m. Art 137 Abs. 3 WRV und die Autonomie durch Art. 140 GG i.V.m. Art 137 Abs. 5 WRV.

Die staatlichen Gerichte entscheiden über alle nach dem staatlichen Recht beruhenden Ansprüche.[35] Somit sind die staatlichen Gerichte auch zu Sachentscheidungen bei kirchlichen Angelegenheiten berufen, wenn eine Beurteilung von Rechtsverhältnissen nach staatlichem Recht vollzogen werden muss. Dieser Fall liegt vor, wenn eine kirchliche Maßnahme nicht in der Gewährleistung des Geltungsbereichs des Art. 140 GG i.V.m. Art. 137 Abs. 3 Satz 1 WRV im kirchlichen Selbstbestimmungsrecht erfasst wird.[36]

Ob und inwieweit die Rechtsschutzmöglichkeit im kirchlichen Bereich beurteilt werden kann, hängt entscheidend davon ab, in welchem Bereich die betreffende Maßnahme im kirchlichen Selbstbestimmungsrecht erfasst ist.[37] Ist die kirchliche Maßnahme in den Schranken des staatlichen Gesetzes, welches für alle Bürger gilt, so kann die kirchliche Maßnahme von staatlichen Stellen und Gerichten überprüft werden.

Gehört die Maßnahme in den rein innerkirchlichen Bereich, wird die Kontrolle nicht von staatlichen Gerichten oder staatlichen Stellen vollzogen. „Zu den eigenen Angelegenheiten gehört die gesamte Organisation des

---

[34] BGH v. 11.2.2000 – 3 StR 308/99 – NJW 2000, 1555; bestätigt durch BGH v. 28.3.2003 - V ZR 261/02 -BGHZ 154, 306; ebenso BVerwG v. 27.02.2014 - 2 C 19.12– DVBl. 2002, 986.

[35] BGH, Urt. V. 11.2.2000, V ZR 271/99; siehe auch: Pressemitteilung Nr. 11/00 vom 11.2.2000, Pressemitteilung Nr. 3/00 vom 25.1.2000.

[36] Vgl. von Campenhausen/de Wall, Staatskirchenrecht, § 37, S. 314.

[37] Vgl. von Campenhausen/de Wall, Staatskirchenrecht, § 37, S. 314.

innerkirchlichen Rechtsschutzes einschließlich des Verfahrens und der Zulassung von Bevollmächtigten und Beiständen."[38] Hierzu gehören zum Beispiel das Lehrbeanstandungsverfahren, Kirchengesetz über Statistik oder die Rahmenverordnung in der Ev. Theologie.

Werden die Belange des innerkirchlichen Bereichs jedoch überschritten, so unterliegt die Maßnahme den staatlichen Gerichten oder staatlichen Stellen, zum Beispiel: die Dienstvertragsordnung würde die wöchentliche Arbeitszeit in einem höheren Umfang regeln als das Arbeitszeitgesetz.

Die Entscheidungen der kirchlichen Gerichte besitzen durchaus eine Wirkung im bürgerlichen Bereich. Den Gerichten der evangelischen Kirche wird zum Beispiel in Baden – Württemberg Rechts- und Vollstreckungsgehilfe durch die Amtsgerichte oder die unteren Behörden der Ministerien gewährt.[39] Hierzu können die jeweiligen Landeskirchen ihre Regelungen festlegen. Von Seiten der EKD gibt es keine klare Regelung.

Staatliche Behörden oder staatliche Gerichte können sich über kirchliche Entscheidungen nicht hinwegsetzen. Sie haben diese zu respektieren. Dies kann auch bedeuten, dass die staatlichen Gerichte die Einzelfallentscheidung eines Kirchengerichtes nur bedingt überprüfen können. Eine Überprüfung kann nur im Rahmen der gesetzlichen Schranken erfolgen. Die Entscheidung der Kirchengerichte darf nicht willkürlich sein oder gegen fundamentale Rechtsprinzipien verstoßen.[40]

> „Jedes Recht setzt, wenn es überhaupt eine reale Bedeutung erfahren soll, voraus, dass es im Streitfall durchgesetzt werden kann. Hierzu sind im Rechtsstaat die unabhängigen staatlichen Gerichte berufen. Je nach der Lage des Falles haben staatliche Gerichte demnach auch einschlägiges kirchliches Recht anzuwenden, ebenso wie auch ausländisches Recht oder Vereinsrecht."[41]

---

[38] Zitiert aus von Campenhusen/de Wall, Staatskirchenrecht, § 37, Anm. 41.
[39] Vgl. Art 27 EvKiVBW.
[40] Vgl. von Campenhausen/de Wall, Staatskirchenrecht, § 37, S. 314.
[41] Vgl. von Campenhausen/de Wall, Staatskirchenrecht, § 37, S. 316 Anm. 47.

So betont das VG Göttingen, dass das Verwaltungsgericht nicht daran gehindert sei, seine Entscheidung auf die Verletzung kirchengerichtlicher Vorschriften zu stützen.[42]

Durch die Anwendung des Art. 140 GG i.V.m. Art 137 Abs. 3 Satz 1 WRV werden auf den Rechtsschutz regelmäßig keine Schwierigkeiten bereitet. Dieses gilt, solange die Kirchen wie jedes andere Rechtssubjekt am allgemeinen Rechtsverkehr teilnehmen. Die Vorschiften des Verwaltungsrechts und des bürgerlichen Rechts erweisen sich in den meisten Fällen als unproblematisch, so dass Sachentscheidungen bei den staatlichen Gerichten ohne weiteres ergehen können. Selbstverständlich können hier auch kirchengerichtliche Vorentscheidungen von Bedeutung sein, wenn diese in den Bereich der eigenen Angelegenheiten der Kirchen gehören. Dies gilt dann, wenn die Schranken der geltenden Gesetze nicht überschritten werden. Daraus folgt, dass die staatlichen Gerichte kirchengerichtliche Vorentscheidungen bei ihrer Entscheidungsfindung zu respektieren haben.[43]

Beispiel aus der Praxis: Das Bundesverfassungsgericht hat in seinem sog. „Gemeindeteilungs-Beschluss" 1965 festgestellt, dass zwischen kirchlichen Maßnahmen in zweierlei Punkte zu unterscheiden ist. Die einen sind dem „Innerkirchlichen Bereich" zuzuordnen und die anderen sind solche, die den Bereich „überschreiten oder in den staatlichen Bereich hineinreichen".[44] Beim letzteren soll die Kirche im Rahmen ihres kirchlichen Selbstbestimmungsrechts die „in der Sache begründete Einschränkung" erfahren.[45] Hingegen soll die Kirche bei den „innerkirchlichen Maßnahmen" nicht der staatsgerichtlichen Kontrolle unterliegen.[46]

5.2 Konfliktfeld Rechtsweg

Es gibt Fragen des kirchlichen Bereichs, die sich der Beurteilung durch staatliche Stellen entziehen. Das ist der Fall, wenn die Religionsgemeinschaft

---

[42] Vgl. von Campenhausen/de Wall, Staatskirchenrecht, § 37, S. 316 Anm. 48.
[43] Vgl. von Campenhausen/de Wall, Staatskirchenrecht, § 37, S. 316.
[44] Vgl. BVerfG v. 17.2.1965 – 1 BvR 732/64 –BVerfGE 18, 385 - Teilung einer Kirchengemeinde.
[45] BVerfG v. 17.2.1965 – 1 BvR 732/64 – BVerfGE 18, 385.
[46] Vgl. BVerfG v. 17.2.1965 – 1 BvR 732/64 –BVerfGE 18, 385 – (387f.).

einen freien „Innenbereich" hat, der jeder staatlichen Kontrolle entzogen ist, z.B. Kirchengemeindeordnungen der Landeskirchen. Hierzu könnten staatliche Gerichte keine Fragen klären.

Als Folge wäre dann zu erwarten, dass Klagen vor den staatlichen Gerichten von vornherein als unzulässig abgewiesen würden. Die Grenzen des kirchlichen Selbstbestimmungsrechts werden in aller Regel nicht mittels einer summarischen Betrachtung feststellbar sein. Unsicherheit besteht oft bei Streitigkeiten aus dem Bereich des autonomen Kirchenrechts der Religionsgemeinschaften, die den Status einer Körperschaft des öffentlichen Rechts besitzen. In derlei Fällen könnten gegen die kirchlichen Rechtsakte Verfassungsbeschwerden nach Art. 93 Abs. 1 Nr. 4a GG; § 90 Abs. 1 BVerfGG in Betracht kommen.

Bei Klagen, die den kirchlichen Bereich betreffen, sollte die Klagen als zulässig erachtet werden, solange die sonstigen Voraussetzungen erfüllt sind.[47] Bei der Prüfung der Begründetheit der Klage vor dem staatlichen Gericht muss die verfassungsrechtliche Beschränkung der Zuständigkeit bereits zum Tragen kommen.[48]

Schwierigkeiten bereitet die Frage, welcher Rechtsweg innerhalb der staatlichen Gerichtsbarkeit entscheidend ist. Die Frage des Rechtsweges kann einfach entschieden werden, wenn die Kirche öffentliche Gewalt ausübt. Wird diese Gewalt vom Staat abgeleitet, liegt eine öffentlich-rechtliche Streitigkeit i.S.d. § 40 Abs. 1 Satz 1 VwGO vor und es sind deshalb die staatlichen Verwaltungsgerichte zuständig. Privat organisierte Kirchen können nicht öffentlich-rechtlich handeln, weshalb Rechtsstreitigkeiten von diesen Kirchen nicht vor die Verwaltungsgerichte gehören. Keine großen Besonderheiten ergeben sich bei der Teilnahme der Kirchen am allgemeinen Rechtsverkehr. Klagen bei privatrechtlichen Angestellten werden durch das Arbeitsgericht geklärt, Räumungsklagen bei Gebäuden der Kirchen oder Rückzahlung von Darlehen werden vor den ordentlichen staatlichen Gerichten verhandelt. Eine einheitliche Lösung besteht für die übrigen Fälle nicht. Die Beurteilung des

---

[47] Vgl. BVerwG vom 27.2.2014 – 2 C 19.12.
[48] Vgl. von Campenhausen/de Wall, Staatskirchenrecht, 4. Auflage 2006, § 37, S. 319.

jeweiligen Einzelfalles des kirchlichen Rechtsaktes hat maßgeblich aus der Sicht des Staates zu erfolgen.

Im kirchlichen Bereich gelten für den Rechtsschutz keine Besonderheiten, denn die Klageart richtet sich nach der jeweils zu überprüfenden Maßnahme. Bei Klagen der Kirchen können die Kirchen, andere Institutionen oder Privatpersonen sowohl Kläger als auch Beklagte sein. Werden kirchliche Rechtsvorschriften in der Ausübung von staatlicher Hoheitsgewalt erlassen, besteht sogar die Möglichkeit der verwaltungsgerichtlichen Normenkontrolle i.S.d. § 47 VwGO.[49]

5.3 Konfliktfeld Dienstrecht

Bei der Kirche als Körperschaft des öffentlichen Rechts wird der Rechtsweg zum Teil problematisch, z.b. beim Dienstrecht von Mitarbeitenden im öffentlich-rechtlichen Dienstverhältnis. Hier kann nicht auf Art. 19 Abs. 4 GG zurückgegriffen werden. Staatliche Gerichte werden bei der Entscheidung zu Statusfragen durch Art. 19 Abs. 4 GG nicht hinzugezogen.

Das durch die Verfassung sichergestellte Gebot der Rücksichtnahme gegenüber dem Selbstverständnis der Kirchen gebietet den staatlichen Gerichten, nicht vor Erschöpfung des kirchlichen Rechtswegs zu entscheiden, z.B. beim kirchlichen Amtsrecht.

5.4 Rechtsschutz für den einzelnen Dienstnehmer

Ein umstrittener Teil der Rechtsschutzproblematik bildet der Rechtsschutz bei den kirchlichen Mitarbeitenden, die in dienst- und arbeitsrechtlichen Fragen Rechtschutz benötigen.

In Art.140 GG i.V.m. Art. 137 Abs. 3 Satz 2 WRV, wird die Ämterhoheit der Kirchen festgelegt. Staatliche Maßnahmen, auch Entscheidungen staatlicher Gerichte dürfen Kirchen nicht dazu zwingen, Mitarbeiter aufzunehmen. Dies betrifft nicht nur die geistlichen oder die kirchlichen Mitarbeiter, die in einem öffentlich-rechtlichen Dienstverhältnis stehen, sondern auch die vielen

---

[49] Vgl. OVG Lüneburg v. 26.01.1984– ZevKR 30 (1985) 426 (429).

Arbeit- und Dienstnehmer sowie die Ehrenamtlichen in allen kirchlichen Einrichtungen. Gerade auf dem Gebiet des kirchlichen Dienst- und Arbeitsrechts berühren die Entscheidungen von den staatlichen Gerichten den sehr sensiblen Bereich des kirchlichen Selbstbestimmungsrechts.

Das kirchliche Selbstbestimmungsrecht, welches durch die Verfassung garantiert wird, erlaubt den Kirchen, selbst darüber zu entscheiden, welche Dienste und in welchem Umfang diese in ihren Einrichtungen geleistet werden. Ebenso kann die Kirche die Rechtsform selbst entscheiden.

Seit langem werden neben den öffentlich-rechtlichen auch privatrechtliche Dienstverträge abgeschlossen. Bei den privatrechtlichen Dienstverträgen findet das staatliche Arbeitsrecht Anwendung, das kirchliche Selbstbestimmungsrecht bleibt weiterhin bestehen. So kann die Kirche die speziellen Obliegenheiten und den Dienst nach dem Selbstverständnis der Kirche in den Schranken der geltenden Gesetze regeln. Welche speziellen Obliegenheiten dies sind, regelt die Kirche in ihren anerkannten Maßstäben, zum Beispiel in der Dienstvertragsordnung. Im Streitfall vor dem Arbeitsgericht sind die kirchlichen anerkannten Maßstäbe offen zu legen. Ein Grundsatzurteil zu Loyalitätspflichten von Kirchenangestellten fällte das Bundesverfassungsgericht 1985[50] und stellte im Kern folgendes fest:

> „Es bleibt danach grundsätzlich den verfassten Kirchen überlassen, verbindlich zu bestimmen, was "die Glaubwürdigkeit der Kirche und ihrer Verkündigung erfordert", was "spezifisch kirchliche Aufgaben" sind, was "Nähe" zu ihnen bedeutet, welches die "wesentlichen Grundsätze der Glaubens- und Sittenlehre" sind und was als - gegebenenfalls schwerer - Verstoß gegen diese anzusehen ist. Auch die Entscheidung darüber, ob und wie innerhalb der im kirchlichen Dienst tätigen Mitarbeiter eine "Abstufung" der Loyalitätspflichten eingreifen soll, ist grundsätzlich eine dem kirchlichen Selbstbestimmungsrecht unterliegende Angelegenheit."[51]

Der staatliche Rechtsschutz darf für kirchliche Mitarbeiter nicht durch die kirchliche Ämterhoheit völlig ausgeschlossen werden. Durch die

---

[50] BVerfG v. 4.6.1985 – 2 BvR 1703/83 u.a. – BVerfGE 70, 138.
[51] BVerfG v. 4.6.1985 – 2 BvR 1703, 1718/83 und 856/84 – BVerfGE 70, 138. Rn. 65.

Justizgewährungspflicht kann keine Versagung des Rechtschutzes durch den Staat erfolgen, nur weil jemand in den Dienst der Kirche tritt.

Für die Beurteilung des Rechtschutzes von kirchlichen Mitarbeitern, die im *öffentlich-rechtlichen* Dienstverhältnissen stehen, gilt Art. 140 GG i.V.m. Art. 137 Abs. 3 WRV. Darüber hinaus ist Art. 140 GG i.V.m. Art. 137 Abs. 5 WRV in Bezug auf die niedergelegte Garantie des Körperschaftsstatus zu beachten. Dieser schließt die Dienstherrenfähigkeit von öffentlich - rechtlichen Religionsgemeinschaften ein.

Seit langem beschäftigen sich die Rechtsprechung und die Literatur mit der Frage, inwieweit dienstrechtliche Streitigkeiten vor den staatlichen Gerichten entschieden werden können, wenn diese Streitigkeiten zwischen Pfarrern oder Kirchenbeamten und ihren Kirchen auftreten.[52]

Bei Vermögensfragen kirchlich Bediensteten und ihren Kirchen sind die staatlichen Gerichte zuständig, obwohl die vermögensrechtliche Seite des öffentlich-rechtlichen Dienst - und Treueverhältnisses zum autonomen Kirchenrecht gehört. Diese Zuständigkeit kann nicht durch eine kirchliche Rechtssetzung beseitigt oder eingeschränkt werden. Wird für diese Art von Streitigkeiten durch kirchliche Verfahrensordnungen die Zuständigkeit der Kirchenverwaltungsgerichte geregelt, bedeutet dies nicht eine Ablehnung der staatlichen Gerichtsbarkeit. Ein privatrechtlich angestellter Kirchenmitarbeiter kann daher sein ausstehendes Gehalt beim Arbeitsgericht einklagen. In Teilen der Literatur wird jedoch die Einschränkung im staatlichen Rechtschutz nicht nur auf vermögensrechtliche Angelegenheiten von kirchlichen Bediensteten befürwortet.[53]

Rechtsschutz von Kirchenmitarbeitern in privatrechtlichen Arbeitsverhältnissen

Im Hinblick auf die privatrechtlich beschäftigten Mitarbeiter der Kirche gilt ebenfalls die Gewährleistung der kirchlichen Ämterhoheit i.S.d. Art. 140 GG i.V.m. Art. 137 Abs. 3 Satz 2 WRV. Bei Streitigkeiten zwischen

---

[52] Vgl. von Campenhausen/de Wall, Staatskirchenrecht, § 37, S. 321 Anm. 95.
[53] Vgl. von Campenhausen/de Wall, Staatskirchenrecht, § 37, S. 322 Anm. 108.

privatrechtlichen Mitarbeitenden und der Kirche werden anders als bei Geistlichen und Kirchenbeamten die Zuständigkeit und die Entscheidung der staatlichen Gerichte, z.b. Arbeitsgericht, in der Literatur anerkannt. Das allgemeine Arbeitsrecht wird bei Arbeitsverhältnissen von privatrechtlichen Mitarbeitern bei den ordentlichen Arbeitsgerichten angewendet.[54] Stärker zur Geltung gebracht wurde das staatliche Arbeitsrecht in der Bedeutung des kirchlichen Selbstbestimmungsrechts i.S.d. Art. 140 GG i.V.m. Art. 137 Abs. 1 WRV durch die Rechtsprechung und durch die Literatur. Die Entscheidungen der staatlichen Gerichte dürfen nicht zu einer Schmälerung der durch die Verfassung garantierten Rechtsstellung der Kirche führen. Die Maßstäbe für das Verhalten der privatrechtlichen Mitarbeitenden stellt die Kirche im Rahmen des kirchlichen Selbstbestimmungsrechts selber auf, z.B. Religionszugehörigkeit bei bestimmten Berufsgruppen. Die Maßstäbe, die von der Kirche aufgestellt sind, sind durch die staatlichen Arbeitsgerichte bei der Entscheidungsfindung zu berücksichtigen.[55]

Hierzu hat das Bundesverfassungsgericht bereits 1985 in einer Leitentscheidung die Bindung der staatlichen Arbeitsgerichte an die kirchlichen Maßstäbe festgelegt. Unter anderem wurde betont, dass die staatlichen Arbeitsgerichte in den Verfahren die von den zuständigen Organen der Kirche festgelegten Maßstäbe berücksichtigen. Die Grenzen des kirchenautonomen Arbeitsrecht zog das Bundesverfassungsgericht mit dem allgemeinen Willkürverbot (Art. 3 Abs. 1 GG), den guten Sitten (§ 138 Abs. 1 BGB) und dem deutschen ordre public (Art. 6 EGBGB).[56] Im Übrigen wurde den kirchlichen Stellen weitgehende Gestaltungs- und Entscheidungsbefugnis zugesprochen. Eine eigene kirchliche Arbeitsgerichtsbarkeit wäre nach dieser Entscheidung möglich. Als Alternative wäre eine Einrichtung denkbar, die eventuelle Verstöße gegen die kirchlichen Maßstäbe von Mitarbeitenden überprüft, z.B. den Austritt aus der Religionsgemeinschaft. Diese Feststellungen müssten die staatlichen Arbeitsgerichte bei den bei ihnen anhängigen Verfahren

---

[54] Vgl. von Campenhausen/de Wall, Staatskirchenrecht, § 37, S. 324 Anm. 117.
[55] Vgl. von Campenhausen/de Wall, Staatskirchenrecht, § 37, S. 324 Anm. 120.
[56] BVerfG v. 4.6.1985 – 2 BvR 1703/83 u.a. – BVerfGE 70, 138 Anm. 48

berücksichtigen, zumindest in dem umschriebenen Rahmen des Bundesverfassungsgerichtes.

In der Praxis wurden in den vergangenen Jahren mehrfach Klagen von ehemaligen Mitarbeitenden gegen die Religionsgemeinschaft vor den Arbeitsgerichten geführt. Die Kläger hatten im Rahmen der Kündigungsschutzklage gegen die fristlose Entlassung nach ihrem Austritt aus der Religionsgemeinschaft geklagt. Die staatlichen Arbeitsgerichte haben die Klage abgewiesen aufgrund von der Verletzung der Loyalitätspflichten. Das Bundesarbeitsgericht verwies in seinem Urteil auf das kirchliche Selbstbestimmungsrecht und die Kündigung stellt keine Diskriminierung aufgrund Ungleichbehandlung wegen seiner Religion dar.[57]

Regelung bei der EKD: Ein außerordentlicher Kündigungsgrund, i.S.d. § 626 BGB, liegt gem. § 19 Dienstvertragsordnung der EKD vor, wenn der Arbeitnehmer aus der evangelischen Kirche austritt oder ein Verhalten zeigt, dass eine grobe Missachtung der evangelischen Kirche oder ihrer Ordnungen darstellt.

5.5 Zwischenergebnis

Es kann festgehalten werden, dass der Rechtsweg zu den staatlichen Gerichten in kirchlichen Streitigkeiten grundsätzlich eröffnet ist. Die staatlichen Gerichte müssen aber das kirchliche Selbstbestimmungsrecht in besonderem Maße berücksichtigen. Kirchliche Vorentscheidungen sind grundsätzlich von staatlichen Gerichten hinzunehmen und werden nur auf Verstoß allgemeiner Willkür, den guten Sitten oder der ordre public überprüft.

Bei rein innerkirchlichen Fragen sind die staatlichen Gerichte nicht zuständig.

---

[57] Vgl. BAG v. 25.04.2013 – 2 AZR 579/12 -NJW 2014, 104.

6 Aufbau und Zusammensetzung der kirchlichen Gerichte

In diesem Kapitel wird die Zuständigkeit der jeweiligen kirchlichen Gerichte, deren Zusammensetzung und der Ablauf des kirchengerichtlichen Verfahrens dargestellt. Die gesetzliche Regelung der Kirchengerichte wird in dem Kirchengerichtsgesetz der Evangelischen Kirche in Deutschland (KiGG.EKD) von 2003 geregelt.

6.1 Übersicht der kirchlichen Gerichte und Rechtssammlungen

Kirchen wird unbestritten durch Art. 140 GG i.V.m. Art. 137 Abs. 3 WRV das Recht eingeräumt, ihre eigenen Angelegenheiten durch kirchliche Gerichte ordnen zu lassen. Die gesamte Organisation des Verfahrens, das Verfahrensrecht und die Zulassung von Bevollmächtigten und Beiständen gehört zu den eigenen Angelegenheiten der Religionsgemeinschaft.

Wie in III. und IV. dargelegt, sind die Kirchen auch mit ihrem Selbstbestimmungsrecht in das weltliche Verfassungsgefüge eingeordnet. Bei der Errichtung der eigenen Gerichtsbarkeit wurde vorausgesetzt, dass die Kirche die fundamentalen Rechtsprinzipien erfüllt, die von der staatlichen Justiz vorgegeben werden. Diese impliziert jedoch nicht die Verdrängung des staatlichen Rechtsschutzes.

Um dieses zu gewährleisten, mussten die Kirchen Standards entwickeln, die denen des Staates in Bezug auf Gerichtsorganisation und den anzuwendenden Verfahren entsprechen. So wurden in der Evangelischen Kirche in Deutschland (EKD) Regelungen zur Rechtsklarheit und Rechtsvereinheitlichung für die Rechtspflege getroffen. Es wurde die klare Trennung der Kirchengerichte von der kirchlichen Verwaltung und Gesetzgebung in der Grundordnung der EKD bei §§ 35 ff. GO-EKD festgelegt. Somit hat das Kirchengericht neben dem Rat der EKD, der Kirchenkonferenz und dem Kirchenamt seinen Platz.

Im Kirchengerichtsgesetz (KiGG.EKD) wurden die Vorgaben aus Art. 32 ff. der Grundordnung (GO-EKD) umgesetzt. Die Rechtsmaterien sind im Kirchengerichtsgesetz zusammengefasst. Bei dem Kirchengericht wurden Fachkammern und beim Kirchengerichtshof Fachsenate aufgrund der Grundordnung des Rates der EKD gebildet.

Eine organisatorische Trennung von der Verwaltung und der Rechtspflege innerhalb des Kirchenamtes der EKD entspricht den rechtsstaatlichen Grundlagen. Eine eigene vom Kirchenamt getrennte Justizverwaltung, wurde aufgrund der geringen Geschäftszahlen nicht aufgebaut.

Am Kirchenamt der EKD wurde eine Geschäftsstelle für die Kirchengerichte eingerichtet. Die Dienstaufsicht über die Mitarbeitenden der Geschäftsstelle hat der Präsident des Kirchenamts.[58] Jedoch sind die Mitarbeitenden bei der Bearbeitung der anhängigen Verfahren dem jeweils zuständigen Präsidenten und vorsitzenden Richter des jeweiligen Kirchengerichts verantwortlich.[59] Bei der Aktenverwaltung, d.h. vom Posteingang bis zur Verfahrensbeendigung, wird auf eine strikte Trennung zur Verwaltung des Kirchenamtes geachtet.[60]

6.2 Schlichtungsstelle

Bei Streitigkeiten zwischen privat angestellten Mitarbeitenden und dem kirchlichen Dienstgeber ist grundsätzlich das Arbeitsgericht der staatlichen Gerichte zuständig. Eine kirchliche Besonderheit für das individuelle Arbeitsrecht ist das sogenannte Schlichtungsverfahren:

Für Mitarbeitende im privatrechtlichen Dienstverhältnis besteht in manchen Landeskirchen, wie z.B. in der Ev.-luth. Landeskirche Bayern, die Möglichkeit, vor dem arbeitsgerichtlichen Verfahren die Schlichtungsstelle aufzusuchen. Dieses ist möglich, wenn der Dienstgeber eine Entscheidung getroffen hat, durch die sich der Dienstnehmer in seinen Rechten verletzt glaubt oder eine Entscheidung vom Dienstgeber unterlassen wurde, auf die der Mitarbeitende glaubt einen Anspruch zu haben.[61]

---

[58] Vgl. § 15 Abs. 6 Satz 1 KIGG.EKD.
[59] Vgl. § 15 Abs. 6 Satz 2 KiGG.EKD.
[60] Vgl. § 15 Abs. 7 KiGG.EKD.
[61] Vgl. § 2 SchlichtVVO.

Die Schlichtungsstelle beschließt mit Stimmenmehrheit. Kommt es unter den Beteiligten zu keiner gütlichen Einigung, wird ein „ratsames Gutachten" erstellt.[62]

Eine einheitliche Regelung für dieses Verfahren ist im Kirchengerichtsgesetz der EKD nicht vorgesehen.

6.3 Schlichtungsausschuss

Eine weitere Besonderheit des kirchlichen Rechtsverständnisses ist die Einrichtung des Schlichtungsausschusses für den Bereich des kollektiven Arbeitsrechts.

Die Arbeitsrechtliche Kommission (ARK) ist ein Verbund aus Dienstgeberseite und Dienstnehmerseite mit der Aufgabe, die Arbeitsbedingungen für Mitarbeitende, die in einem privatrechtlichen Dienstverhältnis stehen, zu ordnen und fortzuentwickeln. Ebenso werden Regelungen für die Begründung des Dienstverhältnisses bis zum Ausscheiden des Dienstnehmers beschlossen.

Die Zusammensetzung der ARK ist wie folgt:

1. zwei Vertreter und Vertreterinnen der Mitarbeiter und Mitarbeiterinnen, die von der Gesamtmitarbeitervertretung der Evangelischen Kirche in Deutschland entsandt werden,

2. zwei Vertreter und Vertreterinnen, die von der Gesamtmitarbeitervertretung des Evangelischen Werks für Diakonie und Entwicklung e.V. entsandt werden,

3. vier Vertreter und Vertreterinnen, die von Gewerkschaften, die die Voraussetzungen nach § 2 Absatz 1 Tarifvertragsgesetz erfüllen, und von Mitarbeiterverbänden entsandt werden,

4. acht Vertreter und Vertreterinnen der Dienstgeberseite der Evangelischen Kirche in Deutschland, die vom Rat der Evangelischen Kirche in

---

[62] Vgl. § 9 SchlichtVVO.

Deutschland entsandt werden, davon vier Vertreter und Vertreterinnen auf Vorschlag des Evangelischen Werks für Diakonie und Entwicklung e.V.[63]

Die Beschlüsse werden per Mehrheitsverfahren gebildet. Zur Sitzung der ARK müssen 2/3 der Mitglieder Anwesend sein.[64]

Wird der Gegenstand der Verhandlungen bei der ARK beim erstmaligen Beraten nicht beschlossen, wird in einer weiteren Sitzung über diesen Gegenstand beraten. Spricht sich nicht mindestens die Hälfte der Mitglieder für oder gegen den gestellten Antrag aus, so kann der Schlichtungsausschuss angerufen werden.[65]

Aufgrund der Komplexität und der Auswirkungen des Schlichtungsspruches besteht der Schlichtungsausschuss aus einem Vorsitzenden, vier Beisitzern sowie deren Stellvertretern. Die Besetzung erfolgt mit zwei Vertretern der Mitarbeiterschaft und zwei von der Dienstgeberseite.[66] Der Vorsitz wird durch Mehrheitsbeschluss durch die ARK beschlossen. Der Vorsitzende ist neutral und stimmberechtigt.[67] Er muss die Befähigung zum Richteramt haben und Mitglied der ACK sein. Im Dienst der EKD oder Diakonie darf er nicht stehen. Wird keine Einigung beim Vorsitzenden gefunden, entscheidet der Präsident des Kirchengerichtshofs der EKD.[68]

Die Entscheidungen des Schlichtungsausschusses sind verbindlich und besitzen die Wirkung der Entscheidungen der ARK.[69]

6.4 Kirchengericht

Das Kirchengericht entscheidet gemäß § 5 Abs. 2 KiGG.EKD bei Verfahren nach dem Disziplinargesetz (§ 28 KiGG.EKD), bei Streitigkeiten aus der

---

[63] § 4 Abs. 1 ARRG-EKD.
[64] Vgl. § 9 ARRG-EKD.
[65] Vgl. § 11 ARRG-EKD.
[66] Vgl. § 12 Abs. 2 Satz 1 ARRG-EKD.
[67] Vgl. § 12 Abs. 2 Satz 2-3 ARRG-EKD.
[68] Vgl. § 12 Abs. 3 ARRG-EKD.
[69] Vgl. § 12 Abs. 6 ARRG-EKD.

Anwendung des Mitarbeitervertretungsgesetz (§ 29 KiGG.EKD), Verwaltungsangelegenheiten (§ 29a KiGG.EKD), Anwendung des Pfarrerratsgesetz (§ 29b KiGG.EKD), Anwendung des Arbeitsrechtsregelungsgrundsätzegesetzes (§ 29c KiGG.EKD), kirchlicher Datenschutz (§ 29d KiGG.EKD) und Arbeitsregelungsgesetz West oder Ost (§ 29e f. KiGG.EKD). Hierzu mehr unten unter VIII.

Entschieden wird in vier Kammern, die vom Rat der EKD durch die Verordnung über die Kammern und Senate der EKD-Kirchengerichte wie folgt festgelegt wurden:[70]

1. Disziplinarkammer
2. Verwaltungskammer
3. Erste Kammer für mitarbeitervertretungsrechtliche Streitigkeiten
4. Zweite Kammer für mitarbeitervertretungsrechtliche Streitigkeiten

Für die Verteilung der Geschäfte wird ein Präsidium gebildet. Dieses Präsidium besteht aus dem Präsidenten und den Vorsitzenden Richtern.

Die Mitglieder des Kirchengerichts der EKD werden durch den Rat der EKD berufen. Die Besetzung des Kirchengerichts besteht aus einem Präsidenten, aus Vorsitzenden Richtern und weiteren Richtern in erforderlicher Anzahl.[71] Die Präsidenten sowie die Vorsitzenden müssen die Befähigung zum Richteramt nach § 5 DRiG besitzen.

Die Entscheidungen des Präsidiums erfolgen mit Stimmenmehrheit. Bei Stimmengleichheit ist die Stimme des Präsidenten oder der Präsidentin ausschlaggebend. Im Übrigen finden die Vorschriften des Zweiten Titels des Gerichtsverfassungsgesetzes in der jeweils geltenden Fassung entsprechende Anwendung.[72]

Die Kirchengerichte erhalten bei ihrer Aufgabenerfüllung Unterstützung von den Dienststellen der EKD, ihren Gliedkirchen und deren

---

[70] §1 Verordnung über die Kammern und Senate der EKD-Kirchengerichte.
[71] Vgl. § 3 Abs. 1 Satz 1 KiGG.EKD.
[72] § 4 Abs. 3 KiGG.EKD.

Zusammenschlüssen sowie der EKD angehörigen Einrichtungen, wie z.B. der Diakonie. Diese sind dem Kirchengericht zur Rechts- und Amtshilfe verpflichtet.

Wird die Einsicht von Urkunden, Akten oder anderen Auskünften durch ein Gesetz beschränkt, kann die oberste Dienstbehörde die Vorlage verweigern. Gleiches gilt bei Dokumenten, die geheim zu halten sind. Gegen die Entscheidung der Herausgabe von Unterlagen kann das jeweilige Gericht durch das EKD-Verfassungsgericht innerhalb von einem Monat feststellen lassen, ob die Weigerung zulässig ist.[73]

6.5 Kirchengerichtshof

Der Kirchengerichtshof der EKD stellt die zweite Instanz bei kirchengerichtlichen Verfahren dar. Er entscheidet über die Beschwerden gegen die Beschlüsse des erstinstanzlich zuständigen Kirchengerichts.

Eine Beschwerde ist gemäß § 63 Abs. 2 MVG-EKD als Annahmebeschwerde gestaltet, d.h. die Beschwerde ist anzunehmen, wenn ernstliche Zweifel an der Richtigkeit des erstinstanzlichen Beschlusses vorliegen oder die Rechtsfrage eine grundsätzliche Bedeutung hat. Ebenso kann der Beschluss des Kirchengerichts in Zweifel gezogen werden, wenn eine vorliegende Entscheidung des Kirchgerichtshofes, eines der obersten Landesgerichte oder eines Bundesgerichts des Staates, nicht berücksichtigt wurde. Wird ein relevanter Verfahrensfehler geltend gemacht, ist ebenfalls die zweite Instanz einzuschalten.[74]

Der Kirchengerichtshof ist ebenfalls wie das Kirchengericht mit einem Präsidenten, aus Vorsitzenden Richtern und weiteren Richtern besetzt.[75] Der Rat der EKD beruft die Mitglieder des Kirchengerichtshofs für sechs Jahre.[76]

---

[73] Vgl. § 8 Abs. 1 Satz 2-4 KiGG.EKD.
[74] Vgl. Fey/Joussen/Steuernagel, Das Arbeits- und Tarifrecht der Evangelischen Kirche, S. 188.
[75] Vgl. § 3 Abs. 1 Satz 1 KiGG.EKD.
[76] Vgl. § 9 Abs. 2 Satz 1 und Abs. 4 Satz 1 KiGG.EKD.

Beim Kirchengerichtshof wurden fünf Senate gebildet, die in der Verordnung über die Kammern und Senate der EKD-Kirchengerichte wie folgt festgelegt wurden:[77]

1. Lutherischer Senat in Disziplinarsachen
2. Gemeinsamer Senat in Disziplinarsachen
3. Verwaltungssenat
4. Erster Senat für mitarbeitervertretungsrechtliche Streitigkeiten
5. Zweiter Senat für mitarbeitervertretungsrechtliche Streitigkeiten

Die Senate in Disziplinarsachen entscheiden unter einem rechtskundigen vorsitzenden Mitglied, einem beisitzenden ordinierten Mitglied und einem rechtskundigen Mitglied, wenn das vorsitzende Mitglied nicht als Einzelrichter entscheidet, über die Berufung von den erstinstanzlichen Disziplinargerichten gefällten Urteile.[78] Bei Verfahren von nicht ordinierten Personen wird das ordinierte beisitzende Mitglied von einem beisitzenden Mitglied aus der Laufbahngruppe der beschuldigten Person besetzt.

Die Aufgaben des Disziplinarhofes werden vom Kirchengerichtshof der EKD erfüllt. Die Zuständigkeit ist abhängig von dem Bekenntnis der beschuldigten Person. Bei Personen, die dem reformierten und unierten Bekenntnis angehören, ist der Gemeinsame Senat zuständig. Für Beschuldigte mit lutherischen Bekenntnis ist der Lutherische Senat zuständig. Bei der Besetzung der Senate ist zu beachten, dass ihre Mitglieder bei dem jeweiligen Verfahren dem gleichen Bekenntnis angehören wie der Beschuldigte.[79]

Der Verwaltungssenat entscheidet als Revisionsgericht bei Verfahren nach dem Verwaltungsgerichtsgesetz der EKD und bei Streitigkeiten über die Anwendung der Regelungen beim kirchlichen Datenschutz. Hier besteht die Möglichkeit der Einzelrichterentscheidung.

---

[77] § 2 Verordnung über die Kammern und Senate der EKD-Kirchengerichte.
[78] Vgl. § 54 Abs. 1 DG.EKD.
[79] Vgl. § 50 Abs. 4 DG.EKD.

Der erste und zweite Senat bei mitarbeitervertretungsrechtlichen Streitigkeiten ist als zweite Instanz zuständig, wenn die Beteiligten gegen eine Entscheidung der Kirchengerichte bei einem mitarbeitervertretungsrechtlichen Verfahren eine Beschwerde einlegen wollen.

6.6 Verfassungsgerichtshof

Der Verfassungsgerichtshof der EKD ist die höchste Stelle der Rechtsprechung. Die Entscheidungen des Verfassungsgerichtshofes werden auf der Basis der Grundordnung ausgelegt. Anlässe für Verfahren vor dem Verfassungsgerichtshofs sind Meinungsverschiedenheiten zwischen Beteiligten aus den verfassungsgemäßen Organen der EKD, den Gliedkirchen und den gliedkirchlichen Zusammenschlüssen.

Eine Entscheidung des Verfassungsgerichtshofes der EKD hat Gesetzeskraft. Verstößt ein Kirchengesetz oder eine Verordnung gegen die Grundordnung der EKD, wird der Gerichtsentscheid im Amtsblatt der EKD veröffentlicht und die bisherige Vorschrift für nichtig erklärt.[80]

Der Verfassungsgerichtshof besteht aus dem Präsidenten und vier weiteren Richtern. Der Präsident und zwei weitere Richter müssen die Befähigung zum Richteramt nach § 5 DRiG besitzen. Hinzu kommt, dass die übrigen Richter ordinierte Theologen sein müssen. Die Geschäftsverteilung wird durch den Präsidenten bestimmt.[81]

In dieser Besetzung entscheidet der Verfassungsgerichtshof.[82] Die Mitglieder des Verfassungsgerichtshofs werden für sechs Jahre durch gemeinsamen Verschlag des Rates, der Kirchenkonferenz und des Präsidiums der Synode durch die Synode der EKD gewählt.[83]

---

[80] Vgl. Art. 32c GO-EKD i.V.m § 26 KiGG-EKD.
[81] Vgl. § 2 Abs. 1 KiGG.EKD.
[82] Vgl. § 2 Abs. 2 KiGG.EKD.
[83] Vgl. § 32a Abs. 1 Satz 1 GO-EKD i.V.m. § 9 Abs. 1 KiGG.EKD.

6.7 Grundsätze für die Mitglieder des Kirchengerichts

Die Mitglieder der Kirchengerichte werden für sechs Jahre berufen. Die Berufung kann immer wieder erfolgen. Wenn keine Neuberufung erfolgt, bleiben die Mitglieder im Amt. Berufen kann nur werden, wer bei Beginn der Amtszeit das 66. Lebensjahr noch nicht vollendet hat. Ein vorzeitiges Ausscheiden aus dem Amt ist möglich. Das Amt kann niedergelegt werden, wenn die rechtlichen Voraussetzungen der Berufung nicht vorlagen oder weggefallen sind, infolge gesundheitlicher Beeinträchtigung, Verlegung des Wohnsitzes ins Ausland, die Pflichten grob verletzt wurden oder es infolge eines straf-, disziplinar- oder berufsgerichtlichen Verfahrens eine Ausübung des Amtes nicht mehr zulässt.[84]

Die Tätigkeit ist ein kirchliches Ehrenamt, jedoch werden die Richter für alle Aufwendungen entschädigt. Hierzu regelt der Rat der EKD in einer Verordnung die Höhe des Anspruchs der Mitglieder.[85] Alle Mitglieder sind der Verschwiegenheit verpflichtet.[86] Bei der Amtseinführung werden die Mitglieder mit einem Richtergelöbnis verpflichtet, ihr Amt ordnungsgemäß auszuführen und das Amt wird angenommen. Das Richtergelöbnis lautet:

> „Ich gelobe vor Gott, mein Amt in Bindung an die Heilige Schrift und an das Bekenntnis meiner Kirche und getreu dem in der EKD geltenden Recht auszuüben und nach bestem Wissen und Gewissen ohne Ansehen der Person zu urteilen."[87]

Die Richter genießen richterliche Unabhängigkeit. Sie sind an das Kirchenrecht, die Heilige Schrift und das jeweilige Bekenntnis der Kirche gebunden.[88] Für die Ausübung des Amtes muss der Richter der evangelischen Kirche angehören und für kirchliche Ämter wählbar sein.

---

[84] Vgl. § 14 Abs. 2 – 3 KiGG.
[85] Vgl. § 12 KiGG.
[86] Vgl. § 13 KiGG.
[87] Vgl. § 10 Abs. 1 KiGG.EKD.
[88] Vgl. Art. 32a Abs.1 Satz 3 GO-EKD.

6.8 Geschäftsstelle

Am Sitz des Kirchenamtes der EKD werden Geschäftsstellen für die Kirchengerichte gebildet. Für die notwendige Ausstattung an Personal- und Sachmitteln hat der Rat der EKD zu sorgen.[89] Mit der Aufgabenerfüllung werden Urkundsbeamte mit der erforderlichen Sachkunde vom Präsidenten des Kirchenamtes der EKD betraut.[90] Eine Ausschließung oder Ablehnung von Urkundsbeamten kann analog zu § 49 ZPO erfolgen. Die Aufgaben der Geschäftsstelle sind in § 15 Abs. 4 KiGG.EKD geregelt:

1. die Vermittlung des gesamten Schriftverkehrs zwischen den Kirchengerichten der EKD, ihren Mitgliedern und den Verfahrensbeteiligten,
2. die Ausführung richterlicher Anordnungen,
3. die Protokollführung und
4. die Erteilung von Ausfertigungen und Abschriften von Entscheidungen.

Auskünfte zum Verfahrensstand dürfen die Mitarbeitenden erteilen, jedoch keine Rechtsauskünfte oder über den Inhalt der anhängigen Verfahren.[91] Die Dienstaufsicht über die Mitarbeitenden wird vom Präsidenten des Kirchenamtes der EKD ausgeführt. In der Bearbeitung der anhängigen Verfahren sind die Mitarbeitenden jeweils den zuständigen Präsidenten und Vorsitzenden Richtern verantwortlich.[92]

Für die organisatorische Trennung vom Geschäftsbetrieb des Kirchenamtes hat der Präsident Sorge zu tragen.[93] Näheres wird in der Geschäftsordnung geregelt, die der Rat der EKD auf Vorschlag des Präsidenten des Kirchengerichtshofes in Form einer Verwaltungsvorschrift erlässt.[94]

---

[89] Vgl. § 15 Abs. 1 KiGG.EKD.
[90] Vgl. § 15 Abs. 2 KiGG.EKD.
[91] Vgl. § 15 Abs. 5 KiGG.EKD.
[92] Vgl. § 15 Abs. 6 KiGG.EKD.
[93] Vgl. § 15 Abs. 7 KiGG.EKD.
[94] Vgl. § 15 Abs. 8 KiGG.EKD.

7 Kirchliches Verfahren

Das Verfahren vor den Kirchengerichten wurde den Regelungen des staatlichen Rechts nachgebildet. Der Grundsatz des rechtlichen Gehörs (Art. 103 Abs. 1 GG) gilt ebenfalls im kirchlichen Prozessrecht. Das kirchliche Verfahren ist aufgrund der spezifischen kirchlichen Bindung besonders.

7.1 Allgemeines zum kirchengerichtlichen Verfahren

Jeder Beteiligte des Verfahrens hat das Recht, sich eines rechtlichen Beistandes zu bedienen oder sich von diesem vertreten zu lassen. Für die erste Instanz besteht kein Anwaltszwang. Sollte dennoch ein Beistand benötigt werden oder involviert werden, so gilt die Zugehörigkeit zu einer Kirche, die der Arbeitsgemeinschaft Christlicher Kirchen (ACK-Klausel) angehört.[95] Beim Kirchengerichtshof herrscht Anwaltszwang, zudem müssen Beistände einer der Kirchen aus der ACK angehören.[96] Der rechtliche Beistand muss zur Verhandlung imstande sein, also die Bezüge und Prägung des Rechts durch Schrift und Bekenntnis nachvollziehen können. Der oder die Verfahrensbevollmächtige muss einer christlichen Kirche angehören,[97] die entweder evangelisch ist oder der evangelischen Kirche nahe steht. Es gilt keine Beschränkung der Mitgliedschaft in eine der EKD zugehörende Kirche.

Die Kosten eines Verfahrens trägt die unterliegende Partei. Es fallen keine Gerichtskosten an, jedoch muss die unterliegende Partei die Kosten der Gegenseite tragen, die Auslagen der Verfahrensbeteiligten, die Kosten für die zweckentsprechende Rechtsverfolgung oder Rechtsverteidigung, die Auslagen der Zeugen oder Zeuginnen, Sachverständige. Über die Vergütung von Rechtsanwälten finden die Vorschriften des Rechtsanwaltsvergütungsgesetz – RVG Anwendung.

---

[95] Vgl. Fey/Joussen/Steuernagel, Das Arbeits- und Tarifrecht der Evangelischen Kirche, Rn.6, S. 188.
[96] Vgl. § 21 KiGG.EKD.
[97] Vgl. § 21 Satz 1 KiGG-EKD.

Obsiegt eine beteiligte Partei und unterliegt sie zum Teil, werden die Kosten geteilt Die Kostenentscheidung wird im Urteil mitgeteilt.[98]

7.2 Grundsätze zum Verfahrensablauf

Die kirchliche Judikatur will dem Organismus der Kirche gerecht werden. So werden alle Verhandlungen oder Beratungen mit einer Lesung aus der Heiligen Schrift oder einem Gebet um eine gütliche Einigung begonnen.[99] Im Bemühen um eine gütliche Einigung werden christliche Grundanliegen, wie sie im Exkurs auf Seite 8 dargestellt wurden, im Verfahren berücksichtigt.

Für die Ordnung bei den Verhandlungen gelten die Vorschriften der Titel 14 bis 16 des Gerichtsverfassungsgesetzes. Die Sitzungen sind öffentlich, jedoch kann bei der Verhandlung die Öffentlichkeit ausgeschlossen werden, wenn die Ordnung bei der mündlichen Verhandlung nicht mehr gewährleistet werden kann.[100] Dieser Ausschluss der Öffentlichkeit kann von den Verfahrensbeteiligten beantragt werden oder wenn es das Gericht es für angemessen hält. Beauftrage von kirchlichen Dienststellen, die ein berechtigtes Interesse glaubhaft darlegen, können zu den Verhandlungen zugelassen werden.[101]

Zur Beweisaufnahme findet die Anhörung statt oder eine zeugenschaftliche Vernehmung. Diese kann von Mitarbeitenden verweigert werden, wenn die Aussage in einem weiteren Verfahren vor den staatlichen Behörden oder Gerichten gegen ihn verwendet werden kann. Hierzu erfolgt die Belehrung.[102]

Die Entscheidungen, die das Verfahren beenden, ergehen „Im Namen der Evangelischen Kirche in Deutschland" durch Beschluss oder Urteil. Die mitwirkenden Mitglieder der Kirchengerichte, die diese Entscheidung getroffen haben, bestätigen diese per Unterschrift. Wird die Entscheidung nicht im Gerichtssaal verkündet, kann sie auch durch Zustellung mitgeteilt werden. Auf den Abschriften und Ausfertigungen ist das Gerichtssiegel beizudrücken.[103]

---

[98] Vgl. §§ 59 f. VwGG.EKD.
[99] Vgl. § 16 Abs. 1 KiGG.EKD; § 35 Abs. 1 VwGG.EKD.
[100] Vgl. § 17 KiGG.EKD; § 34 VwGG.EKD.
[101] Vgl. § 34 VwGG.EKD.
[102] Vgl. § 16 Abs. 2 KiGG.EKD.
[103] Vgl. § 18 KiGG.EKD.

Diese werden im Rahmen des Verwaltungsverfahrens- und zustellungsgesetzes der EKD zugestellt.

7.3 Sonderform Lehrbeanstandungsverfahren

Eine besondere Abweichung zum klassischen Gerichtsverfahren bildet das Lehrbeanstandungsverfahren. Dieses Verfahren gibt es nur bei den Mitgliedskirchen der Union Evangelischer Kirchen (UEK) in der EKD. Für dieses Verfahren sind eigene Spruchkörper eingerichtet. In der „Ordnung des Verfahrens bei der Beanstandung der Lehre ordinierter Diener am Wort (Lehrbeanstandungsordnung)" ist dieses Verfahren bei den Kirchen besonders geregelt. Durch dieses soll festgestellt werden, ob ein Pfarrer seine Lehrverpflichtung verletzt hat. Dieses kann er öffentlich durch Wort oder Schrift bei der Darbietung der christlichen Lehre oder im Rahmen seiner gottesdienstlichen Handlung in Widerspruch zum Bekenntnis der Kirche herbeigeführt haben.[104]

Als Gegenstand der Verhandlung ist die Auslegung des Evangeliums und die Feststellung, ob und inwieweit der Betreffende nicht die Lehre der Evangelischen Kirche verkündet hat. Es wird geklärt, ob der Betreffende weiterhin das Evangelium als Amtsträger der Kirche in und für die Kirche verkündigen darf. Es bedarf eines theologisch klärenden Gesprächs um den Konsens der Beteiligten zu klären.

In dem Verfahren wird keine rechtlich relevante Entscheidung getroffen. Wird im Lehrbeanstandungsverfahren festgestellt, dass gegen die christliche Lehrverpflichtung verstoßen wurde, kann es sein das der betroffene seine Ordination verliert und sein Dienstverhältnis beendet wird. [105]

Die Austragung des Verfahrens erfolgt vor Spruchkörpern, die der richterlichen Unabhängigkeit verpflichtet sind und das Verfahren den rechtsstaatlichen Anforderungen genügt. Überwiegend sind diesem Spruchkörper Theologen zugehörig, da diese über die notwendige Fachkompetenz für ein

---

[104] Vgl. § 1 Abs. 1 Lehrbeanstandungsordnung der EKD.
[105] Vgl. de Wall/Muckel, Kirchenrecht, § 41 Rn. 12.

theologisches Lehrgespräch verfügen. Hinzu kommt ein Jurist mit der Befähigung zum Richteramt, um rechtlichen Belange des Verfahrens zu gewähren. Diese Eigenarten machen das Lehrbeanstandungsverfahren zu einem Sonderfall.[106]

7.4 Verfahren vor dem Verfassungsgerichtshof

Bei Organstreitigkeiten kann der Antragsteller sich an den Verfassungsgerichtshof wenden, wenn er sich in seinen Rechten durch eine Maßnahme oder Unterlassung des Antragsgegners verletzt oder unmittelbar gefährdet sieht.[107]

Der Antragsteller hat die jeweilige Bestimmung, auf die er sich beruft, ordentlich zu bezeichnen. Die jeweilige Partei hat nach Bekanntwerden sechs Monate Zeit zur Antragstellung. Der Verfassungsgerichtshof entscheidet, ob gegen die Grundordnung verstoßen wurde oder ob die beanstandete Maßnahme oder Unterlassung nicht mit dem EKD-Recht vereinbar ist. Das laufende Verfahren ist bis zur Entscheidung durch den Verfassungsgerichtshof auszusetzen.[108]

Für das Normenkontrollverfahren ist ausschließlich der Verfassungsgerichtshof zuständig. Dieser entscheidet über die Vereinbarkeit von Kirchengesetzen und Verordnungen der EKD mit der Grundordnung.[109]

Das Kirchengericht und der Kirchengerichtshof der EKD sind zur Vorlage berechtigt und verpflichtet.[110]

Bei der Begründung des Vorlagebeschlusses muss angeben werden, inwiefern die Entscheidung des Kirchengerichts von der Gültigkeit der Rechtsvorschrift abhängig sein soll. Ebenfalls soll genannt werden, mit welcher übergeordneten Rechtsnorm die anzuwendende Rechtsvorschrift unvereinbar

---

[106] Ebd.
[107] Vgl. Art. 32b GO-EKD i.V.m. § 25 Abs. 1 KiGG-EKD.
[108] Vgl. Art. 32c Abs. 1 GO-EKD.
[109] Vgl. § 26 Abs. 1 KiGG.EKD.
[110] Vgl. § 26 Abs. 2 KiGG.EKD.

ist. Dazu werden alle Verfahrensakten beigefügt. Bevor der Verfassungsgerichtshof der EKD über die Rechtsfrage entscheidet, erhalten die Organe der EKD Gelegenheit zur Stellungnahme und werden zur mündlichen Verhandlung geladen.[111]

Bei den anzuwendenden Vorschriften gelten die des Bundesverfassungsgerichtsgesetzes, soweit kirchengesetzlich keine andere Bestimmung vorliegt.[112]

7.5 Vollstreckbarkeit der Entscheidungen

Die Besonderheit des Kirchengerichtes ergibt sich bei der Vollstreckung der Entscheidungen. Sollte eine durch das Kirchengericht gefällte Entscheidung einer Vollstreckung bedürfen, besteht für die Kirche keine Möglichkeit, die Vollstreckung selbst beizutreiben. Die Vorschriften über staatliche Zwangsmaßnahmen finden keine Anwendung.[113] Die zwangsweise Durchsetzung eines Titels aus einer Entscheidung obliegt dem Gewaltmonopol des Staates.

Ob die Voraussetzungen für eine Vollstreckung vorliegen, entscheidet ein staatliches Gericht. Ein Anspruch auf Vollstreckbarkeit einer kirchengerichtlichen Entscheidung durch ein staatliches Gericht oder seiner Organe entsteht auch unter dem Aspekt der Rechtshilfe oder der staatlichen Justizgewährungspflicht nicht.[114]

Das OVG NRW urteilte wie folgt:

> „Der Vollstreckungsgläubiger kann nicht beanspruchen, dass die im Antrag bezeichneten Kostenfestsetzungsbeschlüsse für vollstreckbar erklärt und mit einer Vollstreckungsklausel versehen werden. Zur Vermeidung von Wiederholungen nimmt der Senat gemäß § 122 Abs. 2 Satz 3 VwGO Bezug auf die Gründe des angefochtenen Beschlusses. Darin hat das VG zutreffend ausgeführt, dass weder die Vollstreckungsbestimmungen der Verwaltungsgerichtsordnung noch staatskirchenvertragliche oder verfassungsrechtliche Regelungen eine Grundlage für seine Inanspruchnahme zur Vollstreckung der gegen

---

[111] Vgl. § 26 Abs. 3 KiGG.EKD.
[112] Vgl. § 27 KiGG.EKD.
[113] Vgl. § 24 KiGG.EKD.
[114] Vgl. OVG NRW, Beschluss vom 28.03.2002 - 5 E 286/01.

den Vollstreckungsschuldner ergangenen kirchengerichtlichen Kostenfestsetzungsbeschlüsse bilden. Diese Ausführungen werden durch das Beschwerdevorbringen, mit dem der Vollstreckungsgläubiger sein Begehren auf den Gedanken der Rechtshilfe und die allgemeine Justizgewährungspflicht des Staates stützt, nichterschüttert.

Auch über die hier nicht einschlägigen Rechtshilferegelungen in Art. 35 Abs. 1 GG und in Staatskirchenverträgen hinaus gibt es keine Vorschriften, die einen Anspruch auf staatliche Rechtshilfe zur Vollstreckung von Entscheidungen kirchlicher Verwaltungsgerichte begründen könnten. Für § 14 VwGO gilt dies schon deshalb, weil diese Bestimmung nur die Rechtshilfe zwischen staatlichen Gerichten betrifft."

8 Materielle Zuständigkeit der Kirchengerichte

Die materielle Zuständigkeit der kirchlichen Gerichte erstreckt sich auf die in § 5 KiGG.EKD genannten Bereiche. Im Folgenden werden die Unterschiede in Bezug auf die Verfahren vorgestellt.

8.1 Disziplinarverfahren

Eine Besonderheit des öffentlichen Dienstrechts der Kirche ist die spezielle Gerichtsbarkeit beim Disziplinarrecht. Bei Pfarrern, die den staatlichen Beamten gleichgestellt sind und bei Bediensteten, die sich in einem öffentlich-rechtlichen Dienstverhältnis befinden, kann ein Disziplinarverfahren durchgeführt werden. Dieses dient der Feststellung, ob und inwieweit eine der genannten Personen seine Dienstpflichten verletzt hat und in welcher Höhe und Art Sanktionen ausgesprochen werden sollen.

Durch das Disziplinargesetz der EKD vom 28. Oktober 2009 (DG.EKD) wurde das Disziplinarecht für alle Gliedkirchen einheitlich geregelt. Wie auch beim staatlichen Beamtenrecht sind die bestimmten, besonders schwerwiegenden Sanktionen den Gerichten vorbehalten (§ 41 DG.EKD).[115] Als Disziplinarmaßnahmen sind gesetzlich geregelt: „...Zurückstufung, Amtsenthebung zur Versetzung auf eine andere Stelle, Amtsenthebung unter Versetzung in den Wartestand, Amtsenthebung unter Versetzung in den Ruhestand, Entzug der Rechte aus der Ordination und Entfernung aus dem Dienst können nur durch das Disziplinargericht verhängt werden."[116] Der Gerichtsweg ist ein zweistufiger, der aus den Disziplinarkammern und dem Disziplinarhof besteht. Für die Rechtsmittel der Berufung gegen die Urteile der Disziplinarkammern ist der Disziplinarhof zuständig. Die Aufgaben des Disziplinarhofs werden vom Kirchengerichtshof der EKD wahrgenommen.[117]

---

[115] Vgl. de Wall/Muckel, Kirchenrecht, § 41 Rn.6.
[116] Vgl. § 41 DG.EKD.
[117] Vgl. de Wall/Muckel, Kirchenrecht, § 41 Rn. 6.

8.2 Mitarbeitervertretungsrechtliche Streitigkeiten

Das Selbstbestimmungsrecht der Kirchen gewährt ihnen die Ausgestaltung ihrer Arbeitsorganisation. Demzufolge richtet sich die betriebliche Mitbestimmung der Arbeitnehmer nicht nach dem BetrVG, sondern wird durch das Mitarbeitervertretungsgesetz der EKD (MVG-EKD) geregelt (vgl. § 118 Abs. 2 BetrVG).

Die Kirche hat sich eine eigene Regelung für die Vertretung der Mitarbeiter in kirchlichen und diakonischen Einrichtungen auferlegt. Das kirchliche Mitbestimmungsrecht ist bei den meisten Gliedkirchen einheitlich geregelt. Den Betriebsräten im privatwirtschaftlichen Bereich entsprechen die Mitarbeitervertretungen in den kirchlichen Arbeitsfeldern.

Um dem spezifisch christlichen Anliegen auch im Arbeitsrecht gerecht zu werden, ist Streitigkeiten im Anwendungsbereich des MVG-EKD vor der Einschaltung der zuständigen Kammer ein Einigungsgespräch vorgeschaltet, bei dem der Vorsitzende durch Verhandlungen mit den Beteiligten auf eine gütliche Einigung hinzuwirken hat.[118] Das Einigungsgespräch findet nicht öffentlich statt.[119]

Erste Instanz bei mitarbeitervertretungsrechtlichen Streitigkeiten ist das Kirchgericht. Das Rechtsmittelgericht ist der Kirchengerichtshof, der in zweiter Instanz über die Entscheidung der ersten Instanz entscheidet.[120]

Im Übrigen folgt im Beschlussverfahren das Kirchengericht den Bestimmungen des Arbeitsgerichtsgesetzes.[121]

8.3 Anwendung des Pfarrerratsgesetzes

Das Pfarrerratsgesetz stellt den kollektiven Zusammenschluss von Pfarrern in der Evangelischen Seelsorge bei der Bundeswehr dar. Die Aufgaben des Pfarrerrats bestehen darin, für die beruflichen, wirtschaftlichen und sozialen

---

[118] Vgl. § 61 Abs. 2 Satz 1 MVG-EKD.
[119] Vgl. § 61 Abs. 3 MVG-EKD.
[120] Vgl. de Wall/Muckel, Kirchenrecht, § 41 Rn. 5.
[121] Vgl. § 62 MVG-EKD.

Belange der Pfarrer beim Militärbischof einzutreten.[122] Sollte bei der Wahlberechtigung, der Wählbarkeit oder über das Wahlverfahren eine schriftliche Anfechtung der Wahl ergeben, ist die Kammer für mitarbeitervertretungsrechtliche Streitigkeiten beim Kirchengericht zuständig.[123]

8.4 Anwendung beim Arbeitsrechtsregelungsgrundsätzegesetz

Kirchlicher Dienst ist durch den Auftrag der Verkündigung des Evangeliums in Wort und Tat bestimmt. Dieser Auftrag erfordert in der Gestaltung des kirchlichen Arbeitsrechts eine vertrauensvolle, partnerschaftliche Zusammenarbeit von Leitungsorganen und Mitarbeitern und Mitarbeiterinnen.[124] Streitigkeiten, die sich aus diesem Gesetz ergeben, werden bei der Kammer für Mitarbeitervertretungsangelegenheiten verhandelt.[125] Es gelten die § 60 Absatz 8 Satz 1 und die §§ 61 und 62 des Mitarbeitervertretungsgesetzes.[126]

8.5 Verwaltungsrechtsstreitigkeiten

Für die allgemeine Verwaltungsgerichtsbarkeit wurde von der EKD ein Rechtsweg eingerichtet. Bei Verwaltungsstreitigkeiten gilt das Verwaltungsgerichtsgesetz der EKD (VwGG.EKD).

Zur Eröffnung des Rechtsweges an den kirchlichen Verwaltungsgerichten werden die zulässigen Streitigkeiten enumerativ § 15 Abs.1 VwGG.EKD benannt:

1. kirchenrechtliche Streitigkeiten aus dem Recht der kirchlichen Aufsicht über Kirchengemeinden, Kirchenkreise und andere juristische Personen des Kirchenrechts,

2. kirchenrechtliche Streitigkeiten aus dem öffentlichen Dienstrecht der Kirche,

---

[122] Vgl. § 2 Abs. 1 PfRG.
[123] Vgl. § 10 Abs. 1 PfRG.
[124] Vgl. § 1 ARGG-EKD.
[125] Vgl. § 17 Abs. 1 ARGG-EKD.
[126] Vgl. § 17 Abs. 2 ARGG-EKD.

3. 3. andere kirchenrechtliche Streitigkeiten, für die der kirchliche Verwaltungsrechtsweg durch kirchliches Recht ausdrücklich eröffnet ist.[127]

Die Eingangsinstanz ist das Verwaltungsgericht beim Kirchengericht, welches in den meisten Landeskirchen vorhanden ist. Durch das VwGG.EKD wird das Prozessrecht vereinheitlicht und führt somit zu einer Konzentration von Streitigkeiten der kirchlichen Verwaltungsgerichtsbarkeit beim jeweiligen Verwaltungsgericht in der ersten Instanz oder beim Verwaltungsgerichtshof in der zweiten Instanz. Die Aufgaben übernimmt der Kirchengerichtshof. In der zweiten Instanz erfolgt die Überprüfung der erstinstanzlichen Entscheidung darüber, ob materielles oder Verfahrensrecht verletzt wurde. Die erneute Untersuchung der Tatsachen erfolgt dabei grundsätzlich nicht.[128]

Mitunter fallen Materien aus dem Bereich der kirchlichen Verwaltungsgerichtsbarkeit heraus, da für diese der Rechtsweg zu den staatlichen Gerichten eröffnet ist. Hierunter fallen vermögensrechtliche Streitigkeiten, die aus einem kirchlich öffentlich-rechtlichen Dienstverhältnis entstanden sind. Diese Streitigkeiten werden durch das staatliche Recht (§ 135 Beamtenrechtsrahmengesetz) an den staatlichen Verwaltungsgerichten entschieden. Bei Kirchensteuersachen liegt die Zuständigkeit bei den staatlichen Finanzgerichten.[129]

8.6 Kirchlicher Datenschutz

Das kirchliche Datenschutzgesetz (DSG-EKD) regelt die Anwendung und die Erfassung von Daten. Die kirchliche Gerichtsbarkeit beruft sich in Streitigkeiten um die Anwendung des Datenschutzes auf dieses Gesetz.

Das kirchliche Datenschutzgesetz (DSG-EKD) erlaubt die Aufzeichnung und Nutzung der Daten für die Aufgabenerfüllung und Seelsorge. Es gestattet jedoch nicht die Weitergabe an Dritte.[130] Die kirchengerichtliche

---

[127] Vgl. § 15 Abs. 1 VwGG.EKD.
[128] Vgl. de Wall/Muckel, Kirchenrecht, § 41 Rn. 7.
[129] Vgl. de Wall/Muckel, Kirchenrecht, § 41 Rn. 7.
[130] Vgl. § 1 Abs. 2 und 4 DSG-EKD.

Entscheidungsfindung bei Streitigkeiten der Anwendung des Datenschutzgesetzes wurde im November 2012 in das KiGG.EKD eingefügt.

8.7 Arbeitsregelungsgesetz West und Ost

Bei der materiellen Zuständigkeit gem. § 29 e) und f) KiGG.EKD handelt es sich bei beiden Arbeitsregelungsgesetzen um Verfahren die unter Punkt 4 dieses Kapitel genannt werden. Derzeit sind beide Arbeitsregelungsgesetze West und Ost in Kraft.

8.8 Kirchenverfassungsrechtliche Streite

Die Einrichtung der Verfassungsgerichtsbarkeit ist innerhalb der Kirchen der EKD unterschiedlich geregelt. Die Evangelische Kirche Hessen und Nassau sowie die Pfälzische Landeskirche haben eine eigene Verfassungsgerichtsbarkeit. Im Januar 2016 wurde bei der Nordkirche im Rahmen ihrer Verfassung die Errichtung eines Verfassungs- und Verwaltungsgerichts vollzogen.

Die Entscheidung über Streitigkeiten bei der Grundordnung fällt der Verfassungsgerichtshof der EKD. Zudem ist er auch das Verfassungsgericht für die Evangelische Kirche Mitteldeutschlands. Bei Verfassungsstreitigkeiten der Bayerischen Landeskirche und der Vereinigten Evangelische Lutherischen Kirche Deutschlands (VELKD) liegt die Zuständigkeit ebenfalls beim Verfassungs- und Verwaltungsgericht. Bei der Konföderation der Evangelischen Kirche in Niedersachen und der zugehörigen Landeskirchen Braunschweigs, Hannovers und Oldenburgs ist bei Verfassungsstreitigkeiten der Rechtshof der Konföderation Evangelischer Kirchen in Niedersachsen zuständig.

Bei den übrigen Kirchen liegt keine Verfassungsgerichtsbarkeit vor. Bei der Verfassungsgerichtsbarkeit gilt wie im staatlichen Recht das Enumerationsprinzip, d.h. nur die im Gesetz genannten kirchenverfassungsrechtlichen Streitigkeiten dürfen von den Verfassungsgerichten entschieden werden. Die übliche Zuständigkeit der Verfassungsgerichte liegt bei den Streitigkeiten der kirchlichen Verfassungsorgane, welches eine Ähnlichkeit mit dem Organstreitverfahren bei den Landeverfassungsgerichten oder beim

Bundverfassungsgericht besitzt. Die konkrete oder auch zum Teil abstrakte Normenkontrolle ist hinaus bei den Gerichten geläufig.[131]

---

[131] Vgl. de Wall/Muckel, Kirchenrecht, § 41 Rn. 8.

9 Fazit

Von Seiten verschiedener politischer Parteien wurde die Sonderstellung der Kirchen mit ihren rechtlichen Privilegien immer wieder hinterfragt. Ist die eigene Gerichtsbarkeit der EKD als kritisch zu betrachten?

Grundsätzlich kann hier nicht mit „Ja" oder „Nein" geantwortet werden. Zum einem erlaubt die Verfassung der Bundesrepublik Deutschland die eigene Gerichtsbarkeit der Kirchen. Wie in Kapitel 3 ausgeführt, besteht für Religionsgemeinschaften die Möglichkeit, ihre Rechtsform selbst zu bestimmen bis hin zum Erwerb der Körperschaft des öffentlichen Rechts. Neben der Erhebung von Kirchensteuer und der Gründung von öffentlich – rechtlichen Dienstverhältnissen, erfolgt eine eigene Rechtssetzung mit einer eigenen Gerichtsbarkeit. Durch das Selbstbestimmungsrecht ist diese Gerichtsbarkeit keine Sondergerichtsbarkeit im Sinne der Deutschen Verfassung.

Eine willkürliche Behandlung von Kirchengerichten hat kein Bürger der Bundesrepublik Deutschland zu erwarten. Mit der Sonderstellung in der Gesellschaft hat keine Religionsgemeinschaft die staatliche Gewalt erworben, mit Ausnahme vom Kirchensteuerwesen. Die Kirchen dürfen ihre Befugnis des selbstbestimmten Handelns weder willkürlich noch gegen die guten Sitten ausnutzen. So sind sie dazu verpflichtet, bei Streitigkeiten von privatrechtlichen Dienstnehmern auch ihre Regelungen den staatlichen Gerichten offen zu legen. Das heißt auch die Kirche muss sich in ihrer Gerichtsbarkeit an die Regelungen der für alle geltenden Gesetze halten.

Trotzdem wurde den Kirchen ein Sonderstatus eingeräumt. Dies erklärt sich durch eine lange historische Entwicklung, deren Ergebnis das verfassungsrechtliche Selbstbestimmungsrecht für Religionsgemeinschaften ist, wie es heute im Grundgesetz in Verbindung mit der Weimarer Reichsverfassung verankert ist. Dies könnte man nur umgehen, wenn man den Artikel 140 GG aus der Verfassung nimmt oder entkräftet. Dieser Frage nachzugehen wäre Thema einer eigenen Untersuchung.

Auf der anderen Seite hat sich gezeigt, dass Recht und Gerichtsbarkeit auch in Spannung zu theologisch – christlichen Grundannahmen geraten kann (siehe Kapitel 2). Demnach könnte kirchliche Gerichtsbarkeit von den Kirchen selber kritisch gesehen werden.

Aus juristischer Perspektive ist gegen die kirchliche Gerichtsbarkeit nichts einzuwenden.

Wie aufgezeigt wurde, ist für die kirchliche Gerichtsbarkeit entscheidend, ob es sich um eine rein innerkirchliche Maßnahme handelt oder betrifft es eine staatliche Gesetzgebung. Bei ersterem werden die Klagen an den staatlichen Gerichten abgewiesen und auch eine Umsetzung der Maßnahme durch staatliche Behörden wird nicht erfolgen. Betrifft es die staatliche Gesetzgebung, kann der Rechtsschutz vor einem staatlichen Gericht geltend gemacht werden. Manche Bereiche sind auch der staatlichen Kontrolle entzogen. Hierzu können keine Fragen von den staatlichen Gerichten geklärt werden.

Basieren diese spezifischen kirchlichen Bereiche auf staatlichem Recht?

Im Lehrbeanstandungsverfahren geht es hauptsächlich um den Inhalt der Verkündigung und die ordnungsgemäße Verwaltung der Sakramente. Fragen zu religiösen Inhalten können nicht vom Staat geregelt werden. Art. 4 GG bezieht sich nicht nur auf Privatpersonen, sondern auch auf Glaubensgemeinschaften. Allerdings ist zu berücksichtigen, dass die Religionsausübung nicht gegen geltendes Gesetz verstoßen darf. Dies betrifft sowohl die Inhalte als auch das Verfahren.

Das rechtliche Gehör des einzelnen Staatsbürgers vor dem staatlichen Gericht besteht auch dann, wenn man einer Kirche angehört oder für eine tätig ist.

Bei Streitigkeiten im innerkirchlichen Bereich hat der Betroffene die kirchliche Gerichtsbarkeit zu nutzen. Ihm ist hierzu der Rechtsschutz zu gewähren. Dieses betrifft Dienstnehmer und andere interne Institutionen.

Ein Disziplinarverfahren für öffentlich – rechtliche Dienstnehmer wird nur innerhalb der Kirchengerichtsbarkeit geklärt. Bei privatrechtlichen Dienstverhältnissen ist der Rechtsschutz bei staatlichen Gerichten möglich. Manche Landeskirchen bieten eine gütliche Einigung durch ein Schlichtungsverfahren an. Auch wenn dieses Verfahren keine rechtliche Bindung besitzt, kann das ratsame Gutachten bei einem Arbeitsgerichtsverfahren berücksichtigt werden.

Als Vorteile kann betrachtet werden, dass die Selbstbestimmung der Kirchen nicht durch staatliche Gewalt eingeschränkt werden kann. Das bedeutet, die staatliche Gesetzgebung darf die Kirchen nicht negativ in ihrer Ausübung von ihrer Aufgabenerfüllung beeinflussen. Das rechtliche Gehör ist jedem zu gewähren, auch wenn er Mitglied der Kirche ist.

Ebenso hat keiner eine Willkür oder durch Maßnahmen die gegen die guten Sitten verstoßen, durch die Kirche zu erwarten.

Nachteile ergeben sich in der Abgrenzung von kirchlichen Recht, wenn sich die Bereiche, wie zum Beispiel im Arbeitsrecht, überschneiden. Diese Regelungen sind bei einem Rechtsstreit zu berücksichtigen.

Insgesamt ist die Entwicklungsperspektive zu einer einheitlichen Gerichtsbarkeit der beiden Bereiche wenig erfolgsversprechend. Das Selbstbestimmungsrecht der Kirchen wird durch weiteres bestehen in der Verfassung bei den Bundesgerichten stets abgeklärt und sobald die kirchliche Maßnahme eine rein innerkirchliche ist, wird die Klage abgewiesen.

Auch im Hinblick auf die kirchlichen Gerichte lässt sich kritisch fragen, ob diese den rechtsstaatlichen Vorgaben entsprechen.

Die kirchlichen Gerichte sind den staatlichen Gerichten nachgebildet. Die Organisation und die Verfahrensordnung wurden standardisiert. Die Evangelische Kirche in Deutschland hat diese bereits in ihrer Verfassung dargelegt und in weiteren Gesetzgebungsverfahren durch die Synode die eigene Gerichtsbarkeit entwickelt und niedergeschrieben. Um den Gedanken der gütlichen Einigung in einigen Verfahren näher zu kommen, wurden Schlichtungsverfahren eingerichtet. Diese bestehen sowohl im individuellen als auch im kollektiven Arbeitsrecht.

Um den Grundsatz des rechtlichen Gehörs zu gewähren, hat jeder Beteiligte das Recht wie bei einem staatlichen Gerichtsverfahren, sich durch einen rechtlichen Beistand vertreten zu lassen. Beim Kirchengericht herrscht kein Zwang, jedoch beim Kirchengerichtshof und Verfassungsgerichtshof.

Bei den materiellen Zuständigkeiten sind diese bei den jeweiligen Kammern oder Senaten angesiedelt.

Als Vorteil ist zu betrachten, dass die Besetzung und die Verfahrensregelung der Gerichte durch eine gute Struktur ersichtlich sind. Für die Spezialität des Kirchenrechts sind die Verfahren entsprechend angepasst. Das Bestreben nach einer gütlichen Einigung steht im Vordergrund.

Als Nachteilhaft kann die Hinzuziehung eines Rechtsbeistandes gesehen werden, wenn dieser nicht der ACK zugehört. Eine freie Rechtsbeistandsauswahl ist nicht gegeben. Die Vollstreckbarkeit der Urteile kann nicht vollzogen werden. Hierzu bedarf es einem Urteil eines staatlichen Gerichtes.

Reformbestrebungen lassen sich kaum erkennen. Als großes Ziel ist bei jeder Verhandlung die gütliche Einigung zu verstehen.

Aus alledem ergibt sich, dass eine eigene kirchliche Gerichtsbarkeit angemessen ist und dass staatliches Recht berücksichtigt wird.

Literaturverzeichnis

Campenhusen, Axel Freiherr von; Wall, Heinrich de: Staatskirchenrecht, 4. Auflage, München 2006

Confessio augustana Vereinigte Evangelisch Lutherische Kirche Deutschland; http://www.velkd.de/theologie/augsburger-bekenntnis.php

Deutsche Bibelgesellschaft; Gute Nachricht Bibel, 3. Auflage, Stuttgart 2015

Deutsche Bibelgesellschaft; Lutherbibel Standardausgabe mit Apokryphen Revidiert 2017, Stuttgart 2016

Fey, Detlev; Joussen, Jacob; Steuernagel, Marc – Oliver: Das Arbeits- und Tarifrecht der Evangelischen Kirche, 1. Auflage, München 2012

Heinig, Hans Michael; Munsonius, Hendrik: 100 Begriffe aus dem Staatskirchenrecht, 2. Auflage, Tübingen, 2015

Hömig, Dieter; Wolff, Heinrich Amadeus: Grundgesetz für die Bundesrepublik Deutschland, Kommentar, 11. Auflage, Baden – Baden 2016

Jaraas, Hans D.; Pieroth, Bodo: Grundgesetz für die Bundesrepublik Deutschland, Kommentar, 14. Auflage, Münster 2016

Kissel, Rudolf; Mayer, Herbert: Gerichtsverfassungsgesetz Kommentar, 8. Auflage, Gießen 2015

Wall, Heinrich de; Muckel, Stefan: Kirchenrecht, 5. Auflage, Erlangen – Nürnberg, Köln 2017

Winter, Jörg: Staatskirchenrecht der Bundesrepublik Deutschland, 2. Auflage, Köln 2008